May Your **Kingdom Come**

「天國國民教育」書系

May Your **Kingdom Come**

「天國國民教育」書系

行在地上的天國子民

天國子民於
政治、社會、文化、教育、經濟範疇的
信仰踐行

May Your Kingdom Come

張祥志／陳佐才／馮煒文／邢福增
程翔／趙崇明／許承恩／拉容
曾雪儀／吳諾雯／紀治興／周佩波
陳競存

行在地上的天國子民
作者／張祥志、陳佐才、馮煒文、邢福增、程翔、趙崇明、許承恩、拉容、
曾雪儀、吳諾雯、紀治興、周佩波、陳競存
總編輯／黃幗坤
責任編輯／伍詠慈
美術設計／奇文雲海
出版發行／突破出版社
香港沙田亞公角山路 33 號突破青年村
電話：2632 0000　傳真：2632 0388
電郵：breakthrough@breakthrough.org.hk
網址：http://www.breakthrough.org.hk
http://www.btproduct.com
承印／ 海洋印務
2014 年 10 月初版 1 刷

May Your Kingdom Come
by Cheung-Chi Cheung, Alan Chor-Choi Chan, Raymond Wai-Man Fung, Fuk-Tsang Ying, Cheong Ching, Andy Shung-Ming Chiu, Jacob Shing-Yan Hui, Yung-Hang Lai, Suet Tsang, Lok-Man Ng, Kee-Chi Hing, Wayne Chau and King Chan
First Printing, First Edition, October 2014

Printed in Hong Kong
ISBN 978-988-8246-35-9

封面圖片：杜勒（Albrecht Durer）The Four Avenging Angels（1498）

本書經文取自《聖經和合本》，版權屬香港聖經公會，承蒙允准採用，特此鳴謝。

本書採用環保油墨印刷

社會文化

目錄

「天國國民教育」
書系緣起

突破出版社

《聖經．舊約》談及一個國民的興起，這個國民獨特的身分是以一神為主。《聖經．新約》以為，這位一神履行信諾走進子民的歷史中，並說「天國近了」，叫世人跟隨他。這一班人就是現在一般人所稱的基督徒。

當我們談國族、城市、社會身分的時候，又如何理解《聖經》賦與基督徒的身分——天國子民？

教育，是種族自存和文化延續的渠道，基督徒羣體要活出天國子民的內涵，又要透過怎樣的教育？

這是「天國國民教育」書系的緣起：透過文字、反思，一羣信眾在同一平台對此身分探省勉勵。

第一本《褪色的天國子民》引用《聖經．彼得前書》二章九節：「惟

有你們是被揀選的族類，是有君尊的祭司，是聖潔的國度，是屬神的子民，要叫你們宣揚那召你們出黑暗入奇妙光明者的美德。」邀請各界別人士，就「天國」「子民」「教育」進行思考、討論。

第二本《行在地上的天國子民》引用《聖經．馬太福音》六章十節：「**願你的國降臨，願你的旨意行在地上，如同行在天上。**」再次邀請信徒就天國子民的身分認知和各自界別的信仰實踐，與讀者一起探索。

由於篇幅與編修時間的限制，本書收納的文章未必展示所有討論，我們旨在作為起頭，邀請讀者一同思考、延伸、踐行天國子民的身分，透過閱讀經歷一場心靈教育。

國度

天國近了

從<馬太福音>看天國子民

張祥志

平日在神學院授課，教授整卷〈馬太福音〉，就要花上兩年時間，可見經卷內容相當豐富。要於有限的篇幅，疏理分析書卷中有關「天國價值」的教導並不容易。是以，這篇文章只把當中的重點列出，為讀者提供一個方向，方便各位日後自行研讀。

不只是信仰問題

首先，我們要了解傳統教會的看法。一般傳統教會都有其獨特的宗派神學理念和屬靈觀，這些觀念限制了教會對經文的解讀。事實上，《聖經》的內容比信徒所能理解的寬闊，談論的層面也比我們想像的廣大。但是，很多時候，因着我們宗派的屬靈觀，無論《聖經》內容如何多樣化，很多人讀後還是一如以往地，將應用的部分限制在個人靈命層面，以及個人與神的關係上，這種想法實在有很大問題。毋庸置疑，信仰的內涵的確是信徒與神的關係，不過也包含社會的內涵。

了解政治背景

若然我們對當時的文化背景、社會處境有所了解，就更能掌握經文的意思。那時候，猶太人雖被羅馬政權統治，但羅馬政府卻採用「猶人治猶」的方式，重用猶太人的宗教領袖，如長老、文士、祭司長、法利賽人等管治，這種做法相對易於管理。

猶太人是一個宗教族羣，宗教信仰與民生、社會、政治無法截然劃分。正如現在，若前往以色列旅遊，會發現在星期五黃昏，也是他們的安息日，猶太人會說The queen is coming。當天所有店舖都會關門，街上除了的士，其他交通工具都會停駛，就如香港從前的農曆新年一樣。要是有人破壞這規矩，後果是不堪設想的。

耶路撒冷聖殿不只是一個純粹的宗教場所，更是猶太人權力和經濟的核心之地，若對應今天的中國，耶路撒冷即中南海，而聖殿就是天安門。

以耶穌潔淨聖殿的經文為例，這件事就如有人在天安門廣場掃盪，可想像事件的嚴重性。這羣領袖有權力把耶穌帶到公會審訊，也有權力把耶穌交給彼拉多，將耶穌釘死在十字架上。由此可見，《聖經》這段經文，談論的是社會問題，而不只是個人內心的問題，就像潔淨聖殿一事，不能簡單以「因信徒的內心污穢，需要請耶穌潔淨我們內心的聖殿」這個層面來解釋。

當天國遇上人國

要了解天國子民的內涵以前，先要釐清「天國」的概念。

許冠傑有一首歌，名叫《始終被愁困》，其中一句「得到一朝顯貴，天國將近。」正代表中國人對天國的理解，得到顯貴以後，很快就要離開世界，進入天國，意味失去一切。這顯然與《聖經》所提的不同。不過，很多人都以為「天國」，是指信徒死後靈魂要往的「天堂」。但〈馬太福音〉中提及的「天國」，說的是一種價值，期待神的國度能夠降臨地上，正如主禱文所說：「願你的國降臨，願你的旨意行在地上。」

這節經文所指的「地」的觀念，早在《聖經．舊約》已見其重要性，以色列人攻佔迦南地，以上帝的誡命、律例、典章訂立秩序；直至新約時代，這個有關「地」的焦點從沒變過，就是讓上帝管治這片大地，所以稱這個狀態為「天國來臨」。

只是，「地」也不是〈馬太福音〉主要的討論事項。若為〈馬太福音〉訂下一個主題，應該是「當天國遇上人國」。因為整卷〈馬太福音〉都是記載耶穌基督的降臨，與勢力強大的羅馬政權對峙。

〈馬太福音〉第二章談的是關於國家層面的事，故事首先從希律王說起：「當希律王的時候，耶穌生在猶太的伯利恆。有幾個博士從東方來到耶路撒冷，說：『那生下來作猶太人之王的在哪裏？我們在東方看見他的星，特來拜他。』」(太二 1-2) 博士說耶穌是「生下來作猶太人之王」，但在羅馬政權，羅馬皇帝才是猶太人的王，所以希律心裏不安，便召集祭司長和文士。由此而知，宗教領袖是為這政權服務，甚至與希律聯盟。若以負面的說法，他們可說是政教勾結。

希律問文士：「基督當生在何處？」文士回答是：「猶太的伯利恆」，於是希律再召東方博士，問那顆星何時出現，就差派他們去伯利恆：「仔細尋訪那小孩子，尋到了就來報信，我也好去拜他。」希律說的理由不錯，既然小孩被指為是猶太人的王，便說他要拜祂。後來，博士看見那顆星，也看見嬰兒耶穌，便前去拜祂，送上禮物。不過，「博士因為在夢中被主指示不要回去見希律，就從別的路回本地去了。」

「他們去後，有主的使者向約瑟夢中顯現，說：起來！帶着小孩子同他母親逃往埃及，住在那裏，等我吩咐你；因為希律必尋找小孩子，要除滅他。」這段經文說的正是一個政權、整個國家與一個小孩的對峙，政權要除滅小孩。幸好小孩隨着家人逃往埃及，避過一劫。所以，這裏說明了「天國遇上人國」，一個小孩子遇上一個政權。

站在弱勢的耶穌

馬太不斷強調，那時的耶穌只是一個小孩，希律則是管治猶太人地方的王——一個小孩子面對一個強權。學者Warren Carter曾在著作*Matthew and the Margins*，指出耶穌是站在邊緣（margin）、弱勢、小孩子的一邊。事實上，整卷〈馬太福音〉都盛載着相同信息。

〈馬太福音〉一直強調耶穌幫助弱勢羣體。除了講論之外，馬太記載了耶穌多次醫治病人，如患上大麻瘋的、癱瘓的、瞎子、啞巴等，使睚魯的女兒復活，也釋放被鬼附的；又與罪人如稅吏接觸，餵飽飢餓的五千羣眾。這班受助的人，幾乎都是社會弱勢的一羣，無權無勢，又或是被人唾棄的。

其他三卷福音書都曾提及耶穌與社會上層人士的交流，如〈馬可福音〉說到一個距離天國不遠的文士，惟獨〈馬太福音〉裏對這方面隻字不提。所以，「邊緣」正是馬太刻意傳講的主題，是「天國遇上人國」的詮釋。天國是以一個弱勢羣體的形態顯現，意象正是第二章的小孩子，而下文也有強調耶穌站在小孩子/弱勢那邊，以彰顯這是天國，這都指明書卷中一個基本的向度。

從仇敵的國釋放

第四章，耶穌開始傳講天國的福音，做了很多事。

「從那時候，耶穌就傳起道來，說：『天國近了，你們應當悔改！』」（太四 17）

「耶穌走遍加利利，在各會堂裏教訓人，傳天國的福音，醫治百姓各樣的病症。他的名聲就傳遍了敍利亞。那裏的人把一切害病的，就是害各樣疾病、各樣疼痛的和被鬼附的、癲癇的、癱瘓的，都帶了來，耶穌就治好了他們。」（太四 23-24）

「耶穌走遍各城各鄉，在會堂裏教訓人，宣講天國的福音，又醫治各樣的病症。他看見許多的人，就憐憫他們；因為他們困苦流離，如同羊沒有牧人一般。」（太九 35-36）

弗朗切斯卡（Piero della Francesca）
《基督誕生》（The Nativity）（1470-5）

從經文可見，耶穌先傳天國的福音，接着醫治各類病人，所以作者索性把傳天國福音與醫治混為一談。

經文所提及的「醫治」，若按照字詞的解釋，是指耶穌主要做醫治的工作，就像一些宗派的福音工作主要是醫治。但是醫治也可以是一種象徵，象徵人被邪惡的勢力綑綁限制，由耶穌來釋放，把人從種種的邪惡綑綁中釋放出來。〈馬太福音〉中提到人被疾病與鬼綑綁，也被很多不同的事物綑綁，這種種綑綁背後最大的勢力，便是第四章提到的魔鬼撒旦。魔鬼透過不同的手下轄制人的生命，當中包括疾病、鬼，政權的欺壓、人的欺壓，甚至透過宗教領袖剝奪子民的幸福。耶穌來到就是與這國度爭鬥，扭轉現況，把天國的價值帶到地上。

登山寶訓

〈馬太福音〉記載了耶穌五篇講論，其中最具體、詳盡談到天國的教導，是第五至七章的「登山寶訓」。「登山寶訓」是耶穌在〈馬太福音〉第一篇講論，內容特別針對當時的處境，並說明了天國的價值，而經卷內其他四篇講論，可視為這課題的延伸。

一般人都認為「登山寶訓」談及的是個人屬靈操練。這不盡然，請讀者細讀經文，嘗試邊讀邊思想：為何要提及這些？當中的經文有沒有針對某類人？有沒有針對某些處境？崇拜完結後，我們或會背誦主禱文，耶穌提及主禱文時是在什麼處境呢？針對什麼人來說？主禱文那麼重要，為何偏偏要說這些內容呢？讓我們一起思想這些內容。

1.主禱文

主禱文記載在〈馬太福音〉六章九至十三節：

我們在天上的父：
願人都尊你的名為聖。
願你的國降臨；
願你的旨意行在地上，
如同行在天上。
我們日用的飲食，今日賜給我們。
免我們的債，
如同我們免了人的債。
不叫我們遇見試探；
救我們脫離凶惡。
因為國度、權柄、榮耀，全是你的，
直到永遠。阿們！

在這篇禱文中，耶穌先提「飲食」，再談「債」（太六 11-12）。綜觀整卷《聖經 · 新約》，「日用飲食」的「日用」一詞只出現了兩次，一次在這一節，另一次就是在〈路加福音〉的主禱文。翻查希臘文字典，發現「日用」可解作daily，指「每日的飲食」，也能解作「生存（existence）的飲食」。那麼，為何耶穌要強調生存的飲食呢？

論到「債」，這卷書所提的「債」與〈路加福音〉所提的有所不同。〈路加福音〉說的是「罪債」，而〈馬太福音〉和《聖經・新約》談的都是「經濟錢財上的欠債」。

「不叫我們遇見試探」原文是「不要領我們進入試探」。那麼，是誰領我們進入試探？要是祈禱的對象是上帝，即是上帝領我們進入試探。當翻查《聖經・舊約》，〈出埃及記〉就記載了這個典故。耶和華帶領以色列人離開埃及之後，不是立馬帶他們前往迦南地，而是先帶他們繞道曠野。那裏沒有飲用水，沒有食物，他們不斷爭鬧，摩西覺得很煩擾，求問耶和華，耶和華指示摩西以杖擊打磐石出水，接着早上降嗎哪，傍晚降鵪鶉給他們進食。後來，摩西給這地起名叫瑪撒，因為他們試探耶和華。

在這段經文裏，試探的性質是物質缺乏——沒有飲用水，沒有食物，所以引起埋怨。他們試探耶和華，要求祂供應糧水，否則便折返埃及，不再跟隨祂；所以說，「不要領我們進入試探」，就像出埃及時以色列的處境，即是不要把我們放在一個缺乏物質的光景，免得失去信心，甚至試探神。主禱文的焦點是「生存的飲食」、「債項」和「物質的缺乏」。為何要突出這幾點？耶穌要對哪羣人說話呢？要教哪羣人祈禱呢？

2.「登山寶訓」的對象

在「登山寶訓」，耶穌提到有人打你的右臉，連左臉也轉過來由他打；有人要你的汗衣，就連外衣也給他；有人強迫你走一里路，那麼你就走畢兩里路，為何耶穌偏偏要舉這些例子？

這些例子正反映當時一些處境，如果有人打你右臉，理應要反手才能打到右臉，這是種帶有侮辱性的打法，也就是主人打奴隸的手法。有人要你的汗衣，連外衣也給他，這關係到《聖經·舊約》，當你欠債的時候，需要用衣服作當頭，交給貸款人或放貸人作抵押品。最後，要是有人迫你走一里路，你就走畢兩里路，指的是當時的羅馬政府，官員有權威迫其他人去做些所謂的「社會公職」。例如，在耶穌走上各各他的時候，兵丁命令古利奈人西門，替耶穌背上十字架，這是完全沒有因由的。但那個時候就是有這種事發生。

當細味這些例子，看到的正是強勢欺凌弱勢。顯然，耶穌是對着一羣弱勢的人講論「登山寶訓」。面對一班弱勢的人、欠債的人、物質缺乏的人，天國價值能夠如何彰顯呢？

3.「八福」

有人說「八福」談論的是屬靈質素，若然細心留意的話，會發現

「八福」不單是提及屬靈的質素，還提到人——靈裏貧窮的人、心靈貧窮的人。不過，貧窮在整卷〈馬太福音〉都是指經濟上的貧窮。所以，貧窮的人，即是單單指經濟的貧窮。

「哀慟的人有福了」，有些解經書指是為罪哀慟。查證文獻後會發現，〈馬太福音〉只是提到傷心，而沒有提及為罪傷心，為什麼傷心都有福？

此外，「八福」指「溫柔的人有福」，能夠「承受地土」，這不是我們習慣的邏輯。溫柔的人與承受地土有什麼關係？溫柔的人有福，是因他們善解人意，得人喜歡，人見人愛，車見車載？但《聖經》的邏輯是什麼？〈詩篇〉三十七篇就是解開這一節惟一的鎖匙。

「不要為作惡的心懷不平，也不要向那行不義的生出嫉妒。因為他們如草快被割下，又如青菜快要枯乾。你當倚靠耶和華而行

善，住在地上，以他的信實為糧；又要以耶和華為樂，他就將你心裏所求的賜給你。」（詩三十七 1-4）

經文多次指出，不要為作惡的心懷不平，以致作惡，「你當默然倚靠耶和華，耐性等候他；不要因那道路通達的和那惡謀成就的心懷不平。」（詩三十七 7）

「當止住怒氣，離棄忿怒；不要心懷不平，以致作惡。」（詩三十七 8）

「因為作惡的必被剪除；惟有等候耶和華的必承受地土。還有片時，惡人要歸於無有；你就是細察他的住處也要歸於無有。但謙卑人必承受地土，以豐盛的平安為樂。」（詩三十七 9-11）

這一節提到謙卑人必承受地土，以豐盛的平安為樂，而謙卑人的原文就是〈馬太福音〉裏提到的溫柔的人。

我們可以從〈詩篇〉三十七篇認識到為什麼溫柔的人有福，因「八福」的溫柔，是指謙卑，這也解釋了什麼是溫柔的人。溫柔的人，就是見到惡謀成就的時候，不會心懷不平以致作惡。為何提及承受地土？因為〈詩篇〉三十七篇或〈馬太福音〉都有提及土地的搶奪。〈詩篇〉三十七篇講述了一羣惡人的惡謀成就，搶奪上帝子民的地土。所以，詩人提醒：不要因為惡謀成就而心懷不平，以致作惡，因為謙卑的人/溫柔的人，必承受地土，取回土地。

如果我們看看香港的現況，地土有沒有被人搶奪？有，現在不再提「港人港地」，所有的地都被強權搶奪，但是我們不要心懷不平，以致作惡。

「登山寶訓」和耶穌的天國價值，聽眾就是一班被欺壓的弱勢。

天國是站在他們那邊的，是幫助他們的，不容許這些強權的欺壓。相反，是要大家彼此平等及以愛相待。

4.論動怒

「莫想我來要廢掉律法和先知。我來不是要廢掉，乃是要成全。」(太五 17)耶穌引述古人的話「不可殺人」後，更提到不可動怒。為何耶穌要選取這個層面？正因祂面對的是一羣弱勢、被欺壓的人，這羣人在當時社會其中一個要面對的問題就是彼此爭鬥。耶穌要從爭鬥的根源入手，而這根源正是恨。

除了精神有問題外，沒有一宗殺人不是出於恨的。我們不會因為喜歡一個人而殺人，每一宗殺人案背後，都存着恨。耶穌希望解決社會的問題，一定要從根源入手。恨正是由心開始去解決根源。

5.論姦淫

古人早已吩咐不可姦淫，但耶穌卻提出，連動淫念也不可。動淫念，出於十誡的「不可貪戀人的妻子」中「貪戀」這個詞。看見女人的時候，不要貪戀她們。若然女人已有丈夫，更不可以破壞和貪戀，連想也不可想，這個不單是道德層面的課題，更涉及家庭秩序的維繫。

6.論休妻

若然妻子不是犯姦淫，而丈夫執意休妻的話，就使妻子背上姦淫的罪名。這不是在談姦淫，也不是談離婚，而是關於保護婦女。當時女子沒有賺錢能力，生活只得依靠丈夫。若被無緣無故休了，妻子的生活很成問題。

在當時的社會，男人有權有勢，女人只不過是男人的財產。出嫁前，是父親的財產；出嫁後，是丈夫的財產，故此丈夫的聘禮是給予父親的，就像財產轉移一樣。男人可以用任何理由休妻，妻子打翻碗碟、嘮叨、不孕、不忠等等都可以成為休妻的理由，卻沒有一條條例容許妻子可以「休夫」。

於是，耶穌在〈馬太福音〉提到：「只是我告訴你們，凡休妻的，若不是為淫亂的緣故，就是叫她做淫婦了。」(太五 32) 耶穌這樣說是為了整頓當時的文化，把休妻限制到只有一項理由，除非妻子犯姦淫，否則不可隨便休妻。可見，這是把男人的權力收窄，保障女子的權利。

當然，這些條約就不適用於今日的香港，看過早前紅遍網絡的「十四巴港女」，我反而認為應該設立保護男性的條約才對。相反，印度卻很需要《聖經》。那裏的女子沒有地位，結果衍生很多傷害女性問題。若然印度的宗教條例有這一條，他們的女子會快樂得多。

7. 論起誓

古人吩咐「不可背誓」，但耶穌卻說連起誓也不可。事實上，兩者沒有分別，關鍵只在於：「你們的話，是，就說是，不是，就說不是。」(太五 37) 但在一般譯本看到的這句話，是有翻譯問題的，原文是 "Let your words yes, yes. No, no." 直譯就是「讓你們的話是，是；不是，不是。」也就是：「當你說是Yes的時候，後果都要說是Yes；當你的說是No的時候，後果都要說是No。」一言蔽之，就是你所講的，就應該誠實兑現，這涉及誠信。

誠信很重要，由個人的誠信，以致整個社會的誠信都一樣。中國內地很多物品都是假的：假錶、假公安、假結婚，甚至假鼓油、假蛋，什麼都是假的。早前有報道說，重慶一名男子因失戀而自殺，服下二十瓶老鼠藥，竟然死不去，因為老鼠藥是假的。然後，他因自己大難不死，買酒慶祝，卻因喝了假酒而死去，這是很荒謬的事。試想想，購買奶粉的時候，父母竟要擔心能否安全食用，吃後嬰兒的頭會否變大，這會使人恐慌的，恐慌至一個地步，就像野獸一樣，去搶奪別人的奶粉。在沒有誠信的社會，人很難生活下去。

某年聖誕，我參加了一個東莞美食團。行程表上寫着「十二道海鮮風味宴」。驟眼看宣傳字句，這個團的安排似乎不錯，進餐時卻發現只得六、七道菜。追問為何貨不對辦，侍應回應道：「勞煩你們看看餐廳門口的招牌。」原來那餐廳叫「十二道」，在那裏用餐就是所謂的「十二道海鮮風味宴」。這樣的旅行團，下次該還要相信嗎？所以，耶穌針對當時一個缺乏誠信的社會，要強調誠信的重要。

8. 論報復

《聖經．舊約》提及的「以眼還眼，以牙還牙」，是項等量賠償的原則，所說的是「公義」。別人打盲你一隻眼，你不可以多於或少於「回報」別人，這是公義的補償；耶穌的教訓卻不盡相同。當強權者在位，我們無法運用這公平的原則相待，他掌摑你一巴，你根本沒有能力還手。在這情況下，怎樣爭取公義？

耶穌說，連左臉也轉過來由他打。所指的情況是，若然對方是邪惡的，摑你的右臉，你就要主動讓他打左臉，這是凸顯他的雙重邪惡；有惡人要拿走你的汗衣，你連外衣也給他，他就會拿去兩件衣服，你則要赤裸地站在審判台上，透過「凸顯他人的不義，來去爭取公義」。

香港的泛民主派也許不懂得這種「招式」。政府提出把「生果金」由七百元增至一千元，立法會議員因不滿政府安排而「擲蕉」。如果依照上文提及的邏輯，既然認為政府無意派發「生果金」，不如連原先的七百元也不要給予市民，反正政府不願承擔。這樣做，目的就是要爭取公義。

9. 論愛仇敵

當時羅馬政權會透過招標，委派稅吏長投標，承擔收取稅項的工作。稅吏長獲得工作後，會再分派給其他稅吏執行。羅馬政權只收取一個定額款項，稅吏只要交足就行，至於稅吏在收稅時收多少，則一律不予理會。於是，那些稅吏長就指示下屬多收取稅項，中飽私囊。當時的稅吏，就像今日香港手握權力而欺壓市民的人。

當耶穌與稅吏罪人共餐，法利賽人就問耶穌，為什麼要與他們共餐。耶穌答：「康健的人用不着醫生，有病的人才用得着⋯⋯我來本不是召義人，乃是召罪人。」（太九 12-13）而且，「要愛你的仇敵，為那逼迫你們的禱告。」（太五 44）就是如此面對這些人。

以上提及九種「論」的課題，都是針對當時的社會問題，「天國的價值」就是轉化這個社會，達至沒有憎恨、不要搶奪別人的財物，包括妻子，以維持家庭的秩序。同時，保護弱勢的人，如上文提及的女性，讓他們的生命得到保障。接着，説明社會要有誠信，否則社會會變得動盪。弱勢羣體要爭取公義公道，但亦要存一顆寬容的心，愛你的仇敵，盼望他們悔改。「登山寶訓」是很重要的，它立穩了整個天國價值的根基，「願你的旨意行在地上」就是這樣的意思。

拒絕爭大

〈馬太福音〉還記載了耶穌一些教導，當門徒爭大時，耶穌教導門徒要作小孩子。這種爭大的心態，在今日的社會依然存在，「我要做NO.1；要站在全世界最高處，要高過你；要做全世界最強的大國。」當這個心態無窮地發展下去時，後果可以是很恐怖的。於是，耶穌明言人要像小孩子，不要爭逐這種權力。門徒欲爭大時，耶穌就教導門徒改變心態，並提出截然不同的方向：成為僕人，成為眾人的用人，目的是要抗衡這種爭大的心態，因為「天國的價值」是主張大家要平等。

何謂平等

提到平等的原則，〈馬太福音〉記載了一個讀者耳熟能詳，但未必太了解的比喻。在第二十章一至十六節的比喻提到，葡萄園的家主在不同的時段都僱用了工人。早上六時，僱了第一批工人，說明工資是一天一錢銀子。然後，早上九時、十二時、下午三時、五時都僱用工人。翻查任何釋經書，都會讀到一錢銀子，是當時一個人一日的基本生活費。

但從第二批工人開始，就沒有說明一天多少工資，原文只提到：「工資是公道的，我會給你的。」公道是指多少，經文沒有說明。直到晚上六時，家主支薪給工人，他先支薪予最後一批工人，他們只做了一個小時，發的薪金是一錢銀子。然而，第一批工人，也就是工作了十二小時的一輩，薪金都是一錢銀子。第一批工人很憤怒，問不是多勞多得嗎？為何我們白天勞苦受熱，只有一錢銀子，而他們只幹活一小時，又是一銀子，這樣公道嗎？

家主回應：「你與我講定的不是一錢銀子嗎？……我給那後來的和給你一樣，這是我願意的。我的東西難道不可隨我的意思用嗎？」(太二十 13-15) 原文提到：「你的眼就邪惡嗎？」故事就在這裏結束，就是說第一批工人的眼是邪惡的。工人覺得家主很離譜，但家主卻說他們是邪惡，為什麼？

在這件事上，家主是沒有錯的。第一批工人是以多勞多得、少勞少得的公式來評論，這標準看似公道，但是他們忽略了細節。下午五時，為何有班工人仍在等待僱用？不被僱用有很多可能，例如：傷殘、老弱、經濟不景、人浮於事，甚至五官不正的都沒很多人願僱用。但他們這些困境，第一批工人統統都沒有理會，只顧自己的「公道」。

指第一批工人的眼睛是邪惡的，還有第二個原因。若然，以當今的最低工資 30 元去計算，最後一批受僱的工人，工資是 30 元，而第一批工人則有 360 元。若最後一批的工人，工作一小時就有 360 元，第一批工人幹活 12 小時，豈不是得到 4,320 元？那麼，公道嗎？

照着第一批工人的邏輯，若然僱主沒有支薪 4,320 元，而是支付 360 元給我。最後一批工人只幹活了一小時，就只得 30 元。但家主會反問：「只有 30 元，那班人能過活嗎？」上文已說明，一錢銀子是一日基本的生活工資，大家在此就可以明瞭了。

這比喻說，天國就好像一個家主僱用工人似的。天國是讓人得到生活的基本保障，我們生存的飲食，今日賜予我們，為何強調是今日呢？有些人可能連今日都過不到，所以，「天國的價值」是讓所有人都得到最基本的保障。就如，今日只給你 30 元，能夠過活嗎？也許，連吃一頓飯也不行，連吃「車仔麵」也要 36 元，試問 30 元一日，叫人怎渡過？

弱勢的保護

「天國的價值」着墨在保障弱勢羣體。〈馬太福音〉十九章提到，少年財主問耶穌，怎樣才可以承受天國？耶穌說：「就當遵守誡命。」（太十九17）還有，變賣你所有的，分給窮人。接着，財主變臉，憂憂愁愁地離去，因為他擁有很多產業。耶穌就對門徒說，財主要進入天國是很困難，「駱駝穿過針的眼比財主進入天國還容易呢！」（太十九24），這不是死後上天堂的問題，而是他沒有天國的價值。

經文要求財主變賣所有分給窮人，當然不是要信徒守着字面的精神，是要你把剩餘的財富分享予他人，讓人人都快樂，人人都平等，人人都開心。天國價值是很具體的，讓我們可以在社會當中實踐。

在二十五章還有一個比喻，提到當主回來的時候，把山羊和綿羊分開，左邊是山羊，右邊是綿羊。他對着綿羊說：「你們這蒙我父賜福的，可來承受那創世以來為你們所預備的國；因為我餓了，你們給我吃，渴了，你們給我喝；我作客旅，你們留我住；我赤身露體，你們給我穿；我病了，你們看顧我；我在監裏，你們來看我。」右邊的綿羊問：「主啊，我們什麼時候見你餓了，給你吃，渴了，給你喝？」耶穌說：「這些事你們既做在我這弟兄中一個最小的身上，就是做在我身上了。」對着左邊的山羊：「這些人要往永刑裡去。」為什麼？「因為我餓了，你們不給我吃，渴了，你們不給我喝。」也就是「這些事你們既不做在我這弟兄中一個最小的身上，就是不做在我身上了。」（太二十五 31-46）

〈馬太福音〉評定承受創世以來的國者，以及承受地獄的火的人，準則在於信徒有沒有把當作的事做在最小的小子身上。經文說得很具體，人要進入天國，未必是取決於舉手決志那一刻，那時只是起始點；真正要進入天國，是實踐天國價值。

總結

今日我們身處的社會，在各個層面如誠信、公義、權力、欺壓、貧富懸殊等，距離天國價值有多遠？當我們背誦主禱文的時候，「願人都尊你的名為聖，願你的國降臨，願你的旨意行在地上。」我們是否真的在想神的旨意、國度是什麼呢？

作天國子民，跟從耶穌，最後的結果會是十字架。因為耶穌要彰顯「天國的價值」，打破俗世種種的權力架構，這自然威脅當權者的既得利益。無論哪一卷福音書，都指出那批宗教領袖把耶穌釘上十字架，而不是羅馬政權。正如前文提到，宗教領袖的影響力不只限制在宗教層面，他們更是社會領袖。「天國價值」正是打破了這些人的強權、壟斷、欺壓、貪婪等，所以連希律王都懼怕受威脅，而要除滅耶穌。當信徒堅持這種價值的時候，結果很顯然就是十字架、是苦難，正如耶穌呼籲門徒：「若有人跟從我，就當捨己，背起他的十字架

來跟從我。」(太十六 24)

有些社工聽了我的講解，不禁問：「我感覺到很無力，香港現在真的做不到任何事。無論我如何想幫那些貧窮的人，但做什麼都沒有成果，就是幫不了。」我只是簡單的回應：「《聖經》着重的並不是成果，而是做事本身的價值，行這方向就在實踐天國價值了。」

耶穌沒有説過，把涼水給別人，然後他就能永遠幸福快樂；而是當你把涼水給別人，你就能踐行天國的價值。

故此，面對香港的前途，我們也許不知道能做什麼，或者同樣感到很乏力。但是上帝鑒察的，不是最後的結果；祂是察看你今天是否朝着天國價值的理想、價值觀這個方向走上去，而這本身就是一種價值。

張祥志
香港神學院聖經科專任講師

丹麥畫家Carl Heinrich Bloch 以「登山寶訓」創作的繪畫（1877）

祈 求

願你的國降臨

願父旨意成就在地

陳佐才

最初接觸基督教信仰，生命的關注是很個人的，記得那時最常唱的聖詩有兩首，一首是《來就上主羔羊》（*Just as I Am*，《新普天頌讚》218），歌詞能引起個人生命的共鳴，尤其是第一節和第四節——

像我這樣乏善可陳，因主為我傾出深恩，
因主召我前來入覲，上主羔羊，我來，我來。

像我這樣困乏、失明，懇請憐憫、醫治心靈，
尋主豐恩，所需供應，上主羔羊，我來，我來。

另一首是《奇妙恩典》（*Amazing Grace*，《新普天頌讚》654）其中首句，更常在公私場合中吟唱：

奇妙恩典何等甘美，赦我深重罪愆；

我曾失喪，今被尋回，瞎眼今得看見。

在個人性的關注裏，父的居處是天家，堂皇一點會叫天堂；歸信就是浪子回家，離世就是回歸天家，或是進入天堂。

進入教會以後，接觸到普世合一運動的基督徒，一些表達父國遠象的《聖經》段落再次浮現。

「看哪！我造新天新地⋯⋯其中必不再聽見哭泣的聲音和哀號的聲音。其中必沒有數日夭亡的嬰孩，也沒有壽數不滿的老者⋯⋯他們要建造房屋，自己居住；栽種葡萄園，吃其中果子。他們建造的，別人不得住；他們栽種的，別人不得吃⋯⋯他們必不徒然勞碌。」（賽六十五 17-23）

「豺狼必與綿羊羔同居，豹子與山羊羔同臥；少壯獅子與牛犢並肥畜同群；小孩子要牽引他們。牛必與熊同食；牛犢必與小熊同臥；獅子必吃草，與牛一樣。吃奶的孩子必玩耍在虺蛇的洞口；斷奶的嬰兒必按手在毒蛇的穴上。在我聖山的遍處，這一切都不傷人，不害物……」（賽十一 6-9）

「我又看見一個新天新地……『看哪，神的帳幕在人間。他要與人同住，他們要作他的子民。神要親自與他們同在，作他們的神。神要擦去他們一切的眼淚；不再有死亡，也不再有悲哀、哭號、疼痛，因為以前的事都過去了。』坐寶座的說：『看哪，我將一切都更新了！』……」（啟二十一 1-5）

這一切的描述都超越了個人的範疇，上帝的國所表達的新天新地，關注點都在人間社會和整個創造，天國不再是遙不可及，死後方能接觸的將來，而是眼前的現在。信徒的方向不是「入天」而是「落地」。其實，這幾段經文都寫了在「天」的生活：住到自建的房子，吃到自己葡萄園栽種的成果，使勞碌不至徒然，暗藏的是社會公義的遠象。萬物共生共存，而非互滅互傷；有的是環保的遠象，無夭折、無短壽、無哀號、無傷殘，是隱藏美滿人生的遠象。落地了就變成可實踐的行動。

回到香港，信仰上帝，也帶給信徒些許遠象。一間社區教會在副堂陳列了一幅世界地圖，上面寫着「天下為公」、「所有資源屬於所有子民」。引伸出來的含義表明：在經濟上，上帝的子民意識到資源共享；在政治上，意識到權力共分；在環保上，意識到責任共擔。但在今時今日的香港，資源被大財團壟斷，小企業處境困難，社會失調，出現貧者愈貧，富者愈富的現實。市民普選和選擇權力，在政改問題上被剝奪了，因為提名權被限制了；環保責任仍停滯在只顧自己後花園的心態下，共擔仍是遙不可及。換言之，在香港，那許些在天的遠象，仍未落地，有心人仍需向上主祈求和努力。

《新普天頌讚》562首〈求開心竅〉，其中主要歌詞，有很好的提醒，它要信徒向一羣受苦者開啟眼睛，打開心竅，這羣人包括：

破碎心靈人、貧乏困苦人、無辜受苦孩童、曾遭虐待者、尋求公義者、獄中被囚者、因膚色被阻隔者、無視黑暗者……等等

《新普天頌讚》614首〈和平之日〉歌也新編了這些信仰的新體會：

狼與羊羔安然同居，弱肉強食不再聽聞，
野獸牲畜相安吃草，幼小孩童引領牛羣。
仇敵學習相愛相親，受造之物共惜共珍，
和平盼望應驗成真，皆因全地悉知父神。

雖然音調韻律仍未熟悉，但值得我們不停的唱。

《聖經》和信仰也給我們無數的天國遠象，這是需要的。我們固然要選用，但重要的是投身落實。信徒的方向，肯定不是「入天」而是「落地」。讓我們唸「主禱文」的時候，大聲重點的唸：「願父旨意成就在地」！

陳佐才
聖公會法政牧師

受傷者的主禱文

馮煒文

在這陣風雨欲來的日子，什麼是我們的經文？什麼是我們的禱告？什麼是我們的行動？什麼是我們給鄰舍的信息？

我想這些問題問得過早了。更當問的，是這個要讀經、祈禱、行動、傳信息的我，到底是誰？今時今日在香港，這個我的真相是怎樣？若這個我是活在真實中，我所選擇的經文，所作的禱告，所採取的行動，所傳的道，便大有機會是真實的，否則便大有機會只是虛假。

作虛弄假的誘惑，對有宗教信仰的人來說，尤其嚴重。耶穌深明這個道理。在福音書中，主一方面正面地教導門徒如何行事為人，如何與人神交往；另一方面，祂從反面提醒門徒必須注意的陷阱，免得落在宗教生活的試探裏。

在這方面，最明顯及最經典的論述出自〈馬太福音〉。正面的教導來自第五章「登山寶訓」,「八福」的訓誨。主教導我們要虛心、哀慟、溫柔、飢渴慕義、有憐恤、清心、作和睦之子,也願意為義受逼迫。反面的教導來自二十三章,祂羅列法利賽人的七禍,警誡門徒不要效法。細看這七禍,只有一個焦點,就是不真實,假冒為善,活得虛假。

這不是說法利賽人刻意欺騙猶太信眾。法利賽學派是一個嚴謹的系統。法利賽人則是一個虔敬的族羣,他們虛偽作假的基本因由,是他們的神學理解及宗教實踐,使他們未能認識自己及社會的真相。雖然他們沒有刻意欺騙別人,但他們活在虛假中,欺騙的是自己。結果,他們所選擇的經文,所作的禱告,所採取的行動,所傳的道,都成了作假。

我相信,認識這時代,認識自己活在其中,明白自己在其中的真相,是香港基督徒今日首務之急。

誰是受害者

讓我們來作一個練習，重溫〈路加福音〉十章的好撒馬利亞人比喻。若我們在教會團契學習這段人人皆曉的經文，我們認同的對象是誰？十居其九，我們認同的一定是祭司及文士。他們看見被強盜打個半死臥在路旁的傷者，但選擇從另一邊走過去。在這兩位宗教人士身上，基督徒看見自己。這個出發點，審判我們過往的錯失，鼓勵我們在將來的日子，學效那停下來、動慈心，裹傷扶危的撒馬利亞人。就是這樣，這段經文在我們的生命中產生作用。

我們認同自己是比喻中的祭司和文士，不錯，因為很多時候我們會避到路的另外一邊。所以，我們甘心接受神的話的責備，不會替祭司文士的冷漠不仁找藉口。老實說，香港教會的確和祭司文士一樣，與發生在耶利哥路上的罪行不相干。我們都是第三者，是局外人，置身事外是自然不過的。當然，不夠愛心是應當改善的。平心而論，香港的教會如此認同，是出於我們的誠實和善良。

問題是：今日香港的基督徒是否真如比喻中的祭司和文士？抑或我們更似那落在強盜手中的傷者？倘若我們今日的景況的確是後者，那麼我們與比喻中的祭司文士認同，即使是出於自己的誠實和善良，也是虛假、偽冒。教會沒有活在今日的真實，從真實中出發，它的教導、禱告、行為，也只能作假。騙不了別人，只騙了自己。

我認為今日這城市的基督徒，如香港七百萬市民，都是那落在強盜手中，被剝去衣裳，被打到半死的受傷者，是被罪惡所侵犯。

我們都是「被罪者」。明白了自己及這城市的真相，在這真實的基礎上，基督徒可以較有把握地問，什麼是我們的經文？什麼是我們的禱告及信息？我們應當如何行動？

受害者的身分

讓我簡單地分享自己近年的領受。

活在這山雨欲來的時代，基督徒的見證，與其說強調我們與別人的不同，不如說見證源自我們與別人是相同的。信仰生活要有見證，強調的不應當是與別人的差異，而是與別人的團結。與喜樂的人同樂，與悲傷的人同哭。這城市的七百萬人，信與不信，都同樣成為被罪者。基督徒不是第三者，正如那落在強盜手中的不是第三者，理當在這些日子緊密地與港人同行。

「突破」邀請我們在今天的香港同誦主禱文。就讓我們以「被罪者」的真實身分作這個主耶穌教導我們的禱告。

「我們在天上的父……」原來我們這些被罪惡勢力侵犯的人是有天父在堂的。是處於被侵犯的狀態，這不容否認，也不應否認；但同時也是被父神所愛。我們是那被丟在耶利哥路旁的人，受傷了，但能經歷醫治。因此我們可以坦然面對受傷的真相，不逃避，不自憐。我們也可以接受不少有心人士向這城市發出死亡預警：This city is dying（香港淪陷）。不用粉飾。但作為天父的兒女，為祂所愛，我們接受受傷者的身分，不存有犬儒及宿命的成分，而是警惕和戰鬥。未來終究還是模糊不清。

行動的生命

「我們在天上的父」。在地上天上的國度故事裏，自己、基督徒羣體，只不過是小配角；但各類政經勢力，即使如何強悍，也同樣是小配角而已，絕對不是基督徒要害怕、仰慕、屈膝的對象。

「願你的國降臨，願你的旨意行在地上，如同行在天上。」在這裏，禱告與行動並存。受傷而又經歷過醫治的人，要活出一個禱告及行動的生命。主禱文的重點是神的旨意「行」在地上。祈禱不是行動的代替品。傷重的人不能行動，但經歷過醫治的人卻能夠行動。香港基督徒縱使與港人同遭罪惡勢力侵犯，然而我們經歷過主的醫治，有行動的力量。好撒馬利亞人比喻中的傷者，經歷醫治後，會按着自己的能耐，以行動守護這條通往耶利哥的路，使它變得更安全，這行動既是為自己下一次前往耶路撒冷，也為其他朝聖者，更為下一代。

最後，不要忘記「主禱文」的第一個誦念者是我們的主。這是他的禱告。他對父說：「願你的旨意行在地上」。他願，他行。他的方法是「道成肉身，活在我們中間，充滿恩典和真理。」我想這就是答案了。在這山雨欲來的日子，基督徒跟隨主的榜樣，活在人羣中間，實實在在地生活在香港人今日共同的真相中。就是這樣，當讀的經文，當作的禱告，當講的道，當參與的行動，將會向我們顯明。正如我的朋友陳佐才牧師提醒教會：「道必須成為肉身對我們才是恩典，才是真理。」

馮煒文
作基督徒數十年，以信仰為美事。所讀經書，偏幫貧窮。但對禮拜堂生活，仍甚不習慣。漫步深水埗長沙灣，甚有悠然之感。從不以被獅羣圍攻的但以理自居。問或倒以被但以理羣圍攻之老獅為榮。滿足於在神的歷史中作小小配角，隨時準備因祂的作為驚訝而喜悅。

1960-70 年代任職基督教工業委員會。80 年代日內瓦普世教會協會。著有《給志強的信》、《假如耶穌在》（大時代版）、《市井．罪人．被罪者》、*The Gospel is Not for Sale*、*The Isaiah Vision*、*Evangelistically Yours*、*The Household of God on China's Soil*。

革命尚未成功

邢福增

從林覺民說起……

三年多前，乘辛亥革命一百周年之慶，舉家小遊廣州數天，順道帶兩名兒子到黃花崗烈士陵園，跟他們講林覺民的故事。

記得中三那年讀中國歷史時，老師在課堂上給我們講 1911 年 4 月的「黃花崗之役」，提到為革命犧牲的林覺民，在參加起義前數天寫信給太太訣別。信中說：「吾自遇汝以來，常願天下有情人都成眷屬；然遍地腥羶，滿街狼犬，稱心快意，幾家能夠？語云：『仁者老吾老以及人之老，幼吾幼以及人之幼。』吾充吾愛汝之心，助天下人愛其所愛，所以敢先汝而死，不顧汝也。汝體吾此心，於啼泣之餘，亦以天下人為念，當亦樂犧牲吾身與汝身之福利，為天下人謀永福也。汝其勿悲!」

「吾誠願與汝相守以死。第以今日時勢觀之，天災可以死，盜賊可以死，瓜分之日可以死，奸官污吏虐民可以死，吾輩處今日之中國，無時無地不可以死，到那時使吾眼睜睜看汝死，或使汝眼睜睜看我死，吾能之乎？抑汝能之乎？即可不死，而離散不相見，徒使兩地眼成穿而骨化石；試問古來幾曾見破鏡重圓？則較死尤苦也。將奈之何！今日吾與汝幸雙健，天下之人，不當死而死，與不願離而離者，不可數計；鍾情如我輩者，能忍之乎？此吾所以敢率性就死，不顧汝也。」

「吾愛汝至。汝幸而偶我，又何不幸而生今日之中國！吾幸而得汝，又何不幸而生今日之中國，卒不忍獨善其身！嗟乎！紙短情長，所未盡者尚有萬千，汝可以模擬得之。吾今不能見汝矣！汝不能舍我，其時時於夢中得我乎！一慟！」

當時林所訣別的，不僅是其愛妻，尚有一位五歲的兒子，以及妻子懷中骨肉。第一次讀這封信，令我明白什麼是犧牲小我，成全大我；殺身成仁，捨身取義。

信主後，總覺得這份委身革命理想的志向與情懷，跟耶穌基督的天國運動的精神有許多相似之處。施洗約翰說：「天國近了，你們應當悔改！」（太三2），這是福音宣講的前奏。耶穌在約旦河接受約翰的洗禮後，據〈路加福音〉記載，耶穌做了一件事，就是「禱告」（路三21）。《聖經》沒有提及禱告的內容，但有學者建議從〈主禱文〉的內容來思考，特別是「願你的國降臨，願你的旨意行在地上，如同行在天上」，因為耶穌一生的職事，正是為了宣告天國福音，而接受洗禮正好表明他對父旨意的順服。耶穌在約旦河受洗，正式揭開了耶穌傳道職事的序幕，不僅耶穌的生命從此變得不一樣，人類歷史亦因「天國近了」，說明了上帝與人類的關係步入新的階段；上帝拯救人類的計劃已經展開，天國降臨，上主旨意要在地上彰顯。

弗朗切斯卡 (Piero della Francesca)
《基督受洗》(The Baptism of Christ)（1450）

為了完成上主的計劃，耶穌在十字架上受盡痛苦與淩辱。當他在十架上說：「成了」(約十九30)時，正是對約旦河受洗時的回應——「這是我的愛子，我所喜悅的。」(太三17)上主的愛子，原來要順服上主的旨意，以自己的死來成就救贖人類的計劃。

基督遺訓

耶穌在死後三天復活，從復活到升天期間，他最關心的是什麼？就是建立門徒，因為祂知道，父所交託給祂的使命，祂已經完成了，接下來，祂要把傳揚天國福音、建立教會、牧養羣羊的使命交給門徒。耶穌升天後，門徒接過棒來，肩負起傳播以耶穌基督為名的天國運動。直至今天，世界不同的教會及信徒，都仍然領受相同的使命，以「天國子民」的身分，為主作見證，傳講福音及實踐天國的教訓。

耶穌把使命託付給門徒，令我想起孫中山先生的遺訓。1925年2月24日，孫先生在離世前17天立了遺囑：「余致力國民革命，凡四十年，其目的在求中國之自由平等。積四十年之經驗，深知欲達到此目的，必須喚起民眾，及聯合世界上以平等待我之民族，共同奮鬥。」但孫先生知道要實現這個目標並不容易，所以，他寫下「現在革命尚未成功。凡我同志，務須……繼續努力，以求貫徹。」「革命尚未成功，同志仍須努力」成為孫先生遺訓的精神。我相信，不同時代的「天國子民」，在自己身處的獨特時空中，見證天國福音的召命時，也會對這遺訓產生共鳴。每當我們誦唸：「我們在天上的父：願人都尊你的名為聖。願你的國降臨；願你的旨意行在地上，如同行在天上」時，豈不需要常常回想耶穌的囑咐？

天國子民的道路

作為「天國子民」，我們應如何在地上拓展天國？我想起電影《十月圍城》，故事發生於1906年10月，孫中山赴港與各省革命黨人會面，商討未來數年的起義大計，但清廷早在香港埋伏軍隊，企圖行刺孫中山。由陳少白（梁家輝飾）帶領的一隊人馬，為保護孫中山而不惜犧牲性命，最後會面順利進行，但革命黨人亦傷亡慘重。電影中這批保護孫中山的犧牲者，原來都是「雜牌軍」，各自懷着不同動機來參與。當中固然有受革命理想感染的商人李玉堂及其兒子（即便如此，商人知道自己的兒子要假扮孫中山來引開刺客，仍然十萬個不願意），但其他角色如身懷絕技的乞丐（黎明飾）、憨直忠誠的小車夫（謝霆鋒飾）、嗜賭如命的警員（甄子丹飾），還有要為父報仇的戲班打女，他們的一生跟「革命」、「共和」的理想從沒沾上任何關係，卻為實現各自的夢想，而捲入這場革命運動之中，成為為「革命」犧牲的烈士。

我在想，當我們說要作「天國子民」時，其實也有許多不同的做法。有人會完全把自己的人生目標與使命跟天國連在一起，就好像那些獻身作全職牧者及宣教士的信徒一樣，但也有人在各自人生的夢想中，尋找上帝的計劃，實踐信仰。我認為最重要的，是我們有否求問上主，自己的夢想/理想/目標，如何成為上帝計劃及旨意的一部分？上主如何藉「我」的生命使用我？我們所選的路，是否也是上帝揀選給我們的路？答案清晰後就堅定地走那條路。

「既濟」與「未濟」

在基督教傳統裏，「天國」雖有濃厚的「終末」取向，但同時也具備「現世」意義。耶穌基督說：「我們在天上的父：願人都尊你的名為聖。願你的國降臨；願你的旨意行在地上，如同行在天上」，在在反映出這種「在地若天」（as Earth as it is in Heaven）的渴求。英國著名的司托德牧師（John Stott，1921 - 2011）指出，天國既是上主神聖與絕對主權的體現，故耶穌教導信徒「願你的國降臨」，是希望教會藉信徒的委身見證，在地上參與上帝國度的開拓。[1]「在地若天」是要求信徒在地上崇敬上帝聖名，參與在祂的國度中，並奉行祂的旨意。從「終末」的角度看，「天國」與「地上」之間，仍有着各種實存的張力與矛盾，但這並不代表教會可以因此揚棄建設天國的目標，反要藉着信徒羣體堅毅不屈的實踐（praxis），在「既濟」與「未濟」（already but not yet）之間，在「地上」逐步彰顯「天國」的榮耀。

我信主初期讀「主禱文」時，不大明白：如果上帝是上帝，祂要實現其國度及旨意，有何難度呢？後來漸漸體會到，耶穌要將這個使命交給我們，要我們以此為念，在禱告中不僅體察，更要學習順服上主旨意，以生命見證天國福音。

志業未成

說回三年多前我那趟廣州之行。由於我自恃熟悉廣州，所以在地鐵見到「烈士陵園」站時，便毫不猶疑地向那裏進發。進入烈士陵園後，我才發覺跟以前到過的黃花崗烈士公園不同。後來到達「烈士陵」的位置，才發現原來這個烈士陵，不是黃花岡起義的烈士陵，而是 1927 年中國共產黨領導推翻國民政府的廣州起義的烈士陵。我竟把中共的廣州起義，與同盟會的廣州起義混淆了！面對妻兒的譏笑，我跟他們說：雖然兩次起義有着對立的意識形態及革命理想，但那些為自己的信念而捨命，堅持走自己選擇的路，甚至因而犧牲的人，同樣值得我們尊重景仰。

曾讀過司徒華一篇題為〈摩西的道路〉的文章，他在文末這樣說：「摩西一生，40 年在埃及，40 年在米甸，40 年與以色列人一起在曠野流徙，他死後，葬在摩押沒有人知曉的地方。他沒有目睹理想的實現，但幾經困頓，始終堅持，這就是他的道路。」我相信「沒有目睹理想的實現，但幾經困頓，始終堅持。」[2] 同樣是華叔一生的寫照，是他立志要走的道路；這種信念也是我們每一位「天國子民」在走自己的路時，要學習及持守的。

司徒華在離世前，對辛亥百年念念不忘，留下了「平反六四，革命尚未成功；建設民主，同志仍須努力」的遺志。我在此謹以「拓展天國，革命尚未成功，建立教會，同志仍須努力」跟大家互勉。

註釋

1. John Stott, *Essential Living: The Sermon on the Mount.* (Leicester: Inter-Varsity Press, 1988), 146-147.
2. 收錄於司徒華 2008 年的著作《青山不老》(香港：次文化堂出版社，2008。)

邢福增
土生土長香港人。香港中文大學崇基學院神學院院長。長期關注中國基督教發展，以研究中國基督教及香港基督教史為樂。

論「天國降臨」與基督徒的責任

程翔

自從信主之後，我一直在思考一個問題：作為一個基督徒，我應該履行什麼責任？我尚未受過正規的神學訓練，僅能夠從一些最基本的原則來看待一個基督徒應有的責任。

基督徒應該秉持一種抗爭精神

現代意義的基督教，源於馬丁路德（Martin Luther）在1517年推動的宗教改革。當年馬丁路德以大無畏的精神，向羅馬教廷提出《九十五條論綱》(*The Ninety-Five Theses*)，抗議教廷的種種弊端，從此與教廷分道揚鑣，創立新教。所以，現代基督教的英文名稱是protestant，意即「抗議者」或「抗爭者」（中文稱為「新教」，雖突出與羅馬教廷的舊教不同，卻無法體現新教「抗爭」、「抗議」的精神）。

顧名思義，抗議或抗爭精神，本來就應該是基督教的立教基礎，是他們與生俱來的基因。如果沒有這種精神的話，根本就沒有現代意義的基督教。我們甚至應該聽到「基督徒」三個字，就想起「抗爭者」這個社會角色。所以，我們失去或主動放棄這種抗議或抗爭精神，就等於放棄了基督教的根本屬性。

秉持守約的精神

每個基督徒必讀的書是《聖經》。《聖經》是由《舊約》和《新約》組成。這裡就突出「約」的重要性。《聖經》中的「約」，大概可分為三類：一是神和人之間的約，一是人和人之間的約，另一是統治者和被統治者之間的約。

經過2000多年的發展，第一種約逐步演化為「天賦人權」的觀念，成為今天我們社會種種核心價值的泉源；第二種約演化為我們今天社會的種種經濟、刑事及民事法律。至於第三種約，則演化為各種憲政、憲法，以及羣己權界等規範社會的運作模式。

《聖經》既然這麼重視「約」的精神，那麼我們讀《聖經》，就有必要秉持一種守約的精神。我們知道，在一個法治的社會，任何違反了經濟、民事契約的（第二種約），都會受到法律制裁。同理，破壞了我們社會核心價值（第一種約）、破壞了憲政精神（第三種約）的行為，都應該受到譴責。當發生這些情況時，基督徒的一項責任，就是拿出他本質應該具備的抗爭精神，予以譴責。

努力促使「天國降臨」

有的基督徒每天都要默誦一遍「主禱文」。中文和合本的「主禱文」是這樣：

我們在天上的父：

願人都尊你的名為聖。

願你的國降臨；

願你的旨意行在地上，

如同行在天上。

（太六 9-10，下略）

如果我們默誦「主禱文」時誠心誠意的話，可曾想到自己如何促成主的國降臨？

對所有基督徒而言，天國是理想世界。《聖經》中有很多對天國的美好描述，用保羅的話概括起來：

「這是好得無比的。」（腓一 23）

我嘗試根據《聖經》的相關經文，並參考歷代傳道人的闡述，總結了天國是一個充滿仁愛、公義、和平的地方，是基督信仰中的理想國度。

但是，我們不應該視天國為時空遙遠的「極樂世界」而空有憧憬，卻應該努力在此時此地積極落實天國的理想。因為「主禱文」說：「願你的國降臨；願你的旨意行在地上，如同行在天上」。所以，我們應該現在、在此就活出耶穌的生命，落實天國的理想，把人間種種不公義的制度、法律、政策儘量予以革新、改良或廢除。

履行基督徒的行為準則

《聖經》裏為每個基督徒制定了一套行為準則，這就是耶穌給我們的「登山寶訓」。耶穌在那裏向信徒們提出「天國八福」，視之為基督徒的行為準則，並且指出基督徒應當作世上的鹽和光。

八福中，有兩項是與「義」有關的，分別是：飢渴慕義的人和為義受逼迫的人。由此可見，行義在基督信仰中是何等重要。基督徒要作世上的鹽和光，更是一個重要的召喚。

有很多人覺得平日難以體會「登山寶訓」的重要意義。我們這一代人，卻有難得的機會與聞「登山寶訓」如何協助無助的東德人民推翻共產主義暴政（詳情見筆者去年撰寫，收錄於《褪色的天國子民》的〈基督徒應改變政治不公義制度〉）。可見，只要我們真的「願你的國降臨」，履行基督徒的行為準則，是可以使「你的旨意行在地上，如同行在天上。」

遵行主的最低要求

我覺得，作為一個基督徒，是有一些最低要求，這就是「行公義」。

《聖經．彌迦書》六章八節說：「世人哪，耶和華已指示你何為善。他向你所要的是什麼呢？只要你行公義，好憐憫，存謙卑的心，與你的神同行。」可見「行公義」是主對我們的最基本、最低的要求。

不公義的事有很多種，有社會不公（如：男女不平等）、有經濟不公（如：貧富懸殊），更有政治不公（如：目前香港政制中存在的權力分配不均問題）。基督徒在對待社會不公平和經濟不公平方面，做了很多工作，惟獨對政治不公平比較少關注，雖然當中包含很多客觀原因，但畢竟並非一個理想的狀況。

如果我們能做到這些最基本的要求，才有可能建立一個較為公義的社會。而建立這樣一個有公義的社會，就是使「神的旨意成就在地」的具體體現。做得到這點，則庶幾可以說：「天國降臨矣！」

程翔
曾就讀聖保羅書院及香港大學，因為熱愛國家，畢業後加入《文匯報》工作，其後加入新加坡《海峽時報》。2005 年 8 月被內地政府拘禁，令人生的信念及價值觀受到極大的衝擊。在三年的鐵窗生涯中，曾研讀儒家、道家及佛家的經典，都找不到出路，直到開始閱讀《聖經》，讓他找到真理。在基督教信仰中最大的得着是學會寬恕。出獄後他對國家不懷怨恨，仍然堅守愛國、愛民主、自由、公正、法治及尊重人權的信念。

天國倫理向獨大的中環價值說「不」

趙崇明

「飛黃騰達教」的偶像崇拜

在電影*Religion, Inc.*中，男主角Morris Codman（Jonathan Penner飾）本來的職業是廣告創作。他一直希望將藝術與廣告結合，曾建議用著名畫家林布蘭（Rembrandt van Rijn）的畫作去設計廁紙廣告。但藝術哪裏會有市場，要賺錢就一定要迎合大眾口味，他的構思自然被上司否定。

有一次，Morris在電視畫面中彷彿看到一個宗教性的異象，受感召要成立一個新宗教，稱為「飛黃騰達教」，專門教人如何賺錢致富、爭取功名利祿和權勢。在他心目中，將宗教看為一盤生意也不是大問題，畢竟愈來愈多教徒已經成為宗教消費者。不過成為「飛黃騰達教」的信徒，就要擺脱傳統宗教所信奉的舊有道德價值觀，亦要忘記傳統宗教所要求對上帝的忠誠。這個新宗教有一套新的道德觀，就是大力鼓吹貪婪和自私自利，認定追名逐利是共通的人性，主張謀取私利才能為社會帶來最大利益的最佳途徑，也是社會進步的必要條件，反而良心才是「飛黃騰達教」的原罪。Morris又指出，這種將資本主義和宗教結合的「飛黃騰達教」，塑造了多少美國人的美國夢。

成立了「飛黃騰達教」之後，自然就要聘請一位具有宗教魅力（charismatic）的精神領袖，宣揚上述導人貪婪和自私自利的「福音」。終於，一位黑人清潔工人Ian Clarity（Gerald Orange飾）成功受聘，他本來是讀哲學的，曾是一位理想主義者，不甘為五斗米折腰，為保尊嚴，寧可做一個謙卑的窮人。不過最諷刺的是，到頭來他為了賺錢而出賣了自己的尊嚴，受聘成為「飛黃騰達教」的精神領袖，到處傳揚「福音」，開辦大型「佈道會」，呼召參加者捐款入教。在Ian Clarity的協助下，Morris這盤生意果然賺大錢，業務蒸蒸日上。

就在事業如日中天的時候，Ian偶然遇到一名乞丐，向他討錢時對他說：「我們都是黑人，我受苦就等於你受苦，我們是真實社會醜陋的一面，卻被富有的人忘記，一個偉人和一個乞丐，這就是社會，這就是靈魂貴賤的區分，不要破壞這種平衡。」結果Ian捐錢救濟那乞丐，更願意彼此交換角色一天。由於Ian做善事，違反了「飛黃騰達教」的教條。於是，他離職，回去教哲學（代表理想主義的恢復）。

執政及掌權的中環價值

不知香港有多少「飛黃騰達教」的信徒，但龍應台所講的「中環價值」，就肯定是不少香港人信奉和高舉的核心價值。固然我們不應該一刀切，否定「中環價值」或資本主義的存在意義。事實上，講經濟發展和效率也不一定是問題，問題只在於「中環價值」的獨大和壟斷而已。若借用《聖經》的字眼來形容，它已經成為一種「執政和掌權」的意識形態或非常霸道的「權勢」。

資本主義在香港不僅是一種經濟體系，「中環價值」的「權勢」已經無孔不入，滲透進不同的文化領域和日常生活各個層面，包括衣食住行的日常生活方式、城市空間的規劃和使用、教育、社會服務、人際及家庭關係，甚至教會生活也不能倖免。結果，城市空間商品化、教育商品化、社會服務商品化、人際關係商品化，甚至教會所傳的福音也商品化！

經濟與敬拜

雖然現今的社會仍充滿結構性的罪惡，邪惡和不公義的勢力依然在政治、經濟、文化等領域「執政和掌權」，不過上帝已經應許，在終末的時候，基督必定作王，將一切執政的、掌權的、有能的完全毀滅，上帝的國度就得以完全實現。（參林前十五 24-

25；弗一 21-22、六 12；西一 16-20）

當然基督信仰並非只講將來，不理此生。耶穌道成肉身，已經帶來「天國近了」的福音，呼召門徒，向他們講論「登山寶訓」（太五至七章），將國度倫理的精義教導他們遵守，正是要他們在世界作鹽作光，引領更多人成為天國的公民，讓上帝和平的國度（The Peaceable Kingdom）在地上實現。這豈不正是耶穌在「主禱文」中向天父的祈求：「願你的國降臨；願你的旨意行在地上，如同行在天上。」（太六 10）

國度與王權，可算是「登山寶訓」涉及的主題。耶穌似乎要他的門徒或天國公民再三反省：「誰是我們的主？誰是我們敬拜和效忠的君王？真正的國度屬誰？誰擁有最高的權柄？」可惜我們總是容易被世上「執政和掌權」的不義權勢所誘惑，總喜歡成為「飛黃騰達教」或「商品拜物教」的教徒，以瑪門為事奉（意即敬拜）的偶像。盲目信奉和過度高舉獨大的「中環價值」霸權，原來也是一種敬拜。難怪耶穌斬釘截鐵地說：「一個人不能事奉兩個主。」（太六24）他提醒我們，任何對經濟的偶像崇拜，不能取代對天國君王的專一崇拜。耶穌明知我們的軟弱，於是更懇切地為我們向天父代求：「不叫我們遇見試探；救我們脫離凶惡。因為國度、權柄、榮耀，全是你的，直到永遠。」（太六13）「主禱文」可謂代表了「登山寶訓」這國度倫理的核心精神。

耶穌對國度倫理的教導，並非只流於理論及空談，他所教導的正是他曾親身經歷的。耶穌在出來傳道之前，曾面對過那「執政和掌權」的惡者的誘惑：「你若俯伏拜我，我就把這一切（萬國與萬國的榮華）都賜給你。」（太四9）這明顯是一個跟政治經濟和敬拜有關的試探。耶穌固然洞悉魔鬼的詭計，因此斬釘截鐵地回應：「當拜主你的神，單要事奉他。」（太四10）

杜勒（Albrecht Dürer）
The Four Avenging Angels（1498）

基督為萬王之王

提起國度倫理，當然不能不提〈啟示錄〉。近年已愈來愈多《聖經》學者從政治經濟的角度去詮釋〈啟示錄〉的神學意義，認為〈啟示錄〉其中一個主題就是「政治經濟與敬拜」。初期教會在羅馬帝國統治下，面對的是一個倚靠壓迫剝削的政治及經濟制度來維繫的暴虐政權。〈啟示錄〉的作者約翰，於是用了獸（十三和十七章）和巴比倫的淫婦（十七至十九章）這些象徵性的符號來批判羅馬帝國的問題。這個國家表面上經濟富裕，市民過着紙醉金迷的繁榮生活；不過誘惑人心的華麗背後，其實是一塌糊塗和道德敗壞，甚至是靠着「大淫婦」幹着不道德的勾當而換來的。不但誘惑人心的經濟繁榮成為眾人崇拜的偶像，羅馬帝國另一問題，就是帝王將自己捧為神明，接受人民崇拜，經濟和政治絕對化和把自己神聖化，奪去了本來只屬於上帝的權位和名號。故此〈啟示錄〉再三強調，惟有耶穌基督才是世上君王的元首，是執掌大權作王的全能者，是坐在寶座上配受敬拜的君王。

趙崇明
香港浸會大學哲學博士。現為香港神學院神學及歷史科專任講師。著有《迪士尼@城市文化.神學.hk》（天道，2006）；《安息行旅》（基道，2009）；《港式中產》（基道，2011）及《有道有禮》（宣道，2012）。

彰顯

願你的旨意行在地上，
如同行在天上

信徒與公民教育

許承恩

通識學習與價值教育

近年，由於公開試曾考問相關題目，不少中學生比以往更重視何謂「價值觀」，並嘗試就不同議題，找出當中涉及了什麼價值觀。

舉例，早前發生的傳媒工作者被解僱、遇襲事件，學生們會聯想到「新聞自由」、「言論自由」等概念，進而想起「人權」、「自由」、「和平」的重要性。又例如，當學生看到近年愈來愈多示威、遊行，以致香港有了「遊行之都」的稱號，他們會想起「公義」、「平等」、「民主」、「尊重」等價值信念。

當然，單單想起上述價值觀，仍有不足。學生們亦要學習何謂「世界公民」概念，以致能將上述重要價值信念實踐出來。

課堂裏的世界公民教育

那麼，一般而言，學生如何學習「世界公民」的課題？

事實上，學生很多時只能理解世界公民的表面定義。在課堂上，學生最常聽到的說法，是以三個範疇定義世界公民。所謂三個範疇，分別為「知識」、「情感」、「行動」。顧名思義，即是期望學生對世界重要議題有基本認識，也產生情感上的回應，進而作出相應行動，實踐人權、民主、公義、平等、關愛、尊重等價值觀。

坦言，在課堂上，所謂「世界公民」教育，學生所接觸的國際議題，頗為「離身」。根據通識科六大單元，學生或會集中了解發展中國家的貧窮議題（單元四：全球化），還有環境與可持續發展議題（單元六：能源科技與環境）。就此，學生關注近年敘利亞內戰、以巴衝突、北韓核問題、氣候暖化、菲律賓風災等問題，學習相關知識內容。另外，學生也會學習青少年如何參與社會（單元一：個人成長與人際關係），甚至嘗試實踐一些想法。

可是，一般青少年很難就國際議題有高度參與，大不了在社交網站就某些議題「讚好」，作出小額捐款，或嘗試在生活裏實踐低碳生活。當然，若然青少年嘗試將焦點放在本地議題上，例如本地貧窮問題、特區政府施政、傳媒新聞自由，將有更多機會把世界公民的價值信念實踐出來。這種「世界公民價值，本港議題實踐」模式，青少年則較易在現實生活中展現。

基督徒羣體的社會議題「偏顧」現象？

現時，就大部分基督徒的社會參與，有人注意到出現一種社會議題「偏顧」現象。

這種現象，在本地議題的關注層面上，尤其明顯。近期，未知道是事實或是印象，不難發現，最易跟基督徒拉上關係的本地議題為涉及同性戀者的立法爭議，其次就是政制爭議。

談及與同性戀相關的爭議，可能因為明光社、一些規模較大的教會表態，外間總認為基督徒經常集中關注此一議題。另外，提及政制爭議，有可能因為倡議「佔領中環」的三位重要人物全是基督徒，令人想起基督信仰會否與他們所策劃的運動有所關係。

不過，對學生或青少年基督徒而言，若然想關顧社會，當然不只關顧上述兩個議題。始終，論及本地值得關注的事件，除了「同運」、「佔中」外，貧富差異、新聞自由、中港矛盾、環境保育、本土文化等，同樣很值得具公民素養的基督徒關注。

由此可見，成年基督徒公民很需要樹立榜樣，在熱切關注「同運」、「佔中」的同時，不要對周遭其他事件顯出一種漠視態度。部分基督徒為了「同運」，會走進公共空間，專注透徹了解整件事件因由及相關國際情勢發展，甚至組織關注組，鼓勵弟兄姊妹一人一信表達訴求。不過，就「同運」以外的社會議題，卻展現一種事不關己的態度。有時候，尷尬的是，與關注「同運」的非基督徒羣體相比，部分基督徒的「偏顧」現象，更為明顯。這確會令公共空間的其他人士誤解，覺得部分走進公共空間關注「同運」的基督徒只是針對同性戀者，站在道德高地捍衛傳統家庭價值信念，敵我分明，而非關心整體社會發展，未能予人見證其公民素養。

故此，成年基督徒也可仿效世界公民的重要元素，關注的不只是「同運」、「佔中」數個議題，而是就整個香港社會、中國社會，以至國際社會，實踐「知識」、「情感」、「行動」特質。筆者認識不少基督徒，聽從《聖經》教導，跟隨耶穌腳步，關注香港身邊有不同需要的人，服務香港社會不同羣體。另外，他們亦會實踐「大使命」，關心及實踐中國、世界宣教差傳工作，透過參與各種的服務，讓各地人民認識我們的信仰。除此之外，他們也會為國際議題禱告，有機會就身體力行，有錢出錢，有力出力，記念事態發展，祈求上帝大大祝福受苦國家人民。

這些基督徒並非「萬事通」，只是本着社關心懷，掛心上帝國度每一件值得關注的事件。這種見證，最終會薪火相傳，而且令更多人認識上帝。

許承恩
基督教宣道會宣基中學通識科主任，香港通識教育教師聯會主席，多年致力參與香港高中通識教育發展，多次就相關主題主講講座、撰寫報章評論及出版書籍。

塔可夫斯基與聖愚

拉容

這個世界充滿矛盾；信仰滿有弔詭。有時上帝的旨意行在地上之時，會顯得不可理喻。有些遵行祂旨意而行的人，在別人眼裏並不神聖，也沒有榮耀，反而是愚拙和軟弱的。不過，在前蘇聯導演安德烈．塔可夫斯基（Andrei Tarkovsky）的電影中，這類人卻擔任了重要的角色。電影評論家指這些角色體現了俄羅斯文化中的「聖愚」傳統。但老實說，這些電影角色的行徑，看來並不能成為眾人的榜樣。那麼，這些作品仍有啟發性嗎？為何無數觀眾皆被這些人物所感動，讓塔可夫斯基僅憑八齣電影便成為了電影史上公認的大師？本文會藉着塔可夫斯基中、後期的四套作品，探討有趣的「聖愚」形象。

塔可夫斯基的電影事業發展於冷戰時期。倘若資本主義世界的一個主要弊病是財富分配不平等，社會主義世界的問題則是權力不平等（其實最終都一樣）。塔可夫斯基作品不多，除了因為他是一個精雕細琢的藝術家以外，也因為蘇聯政權的審查制度成了創作上的巨大障礙，致使最後塔可夫斯基離開祖國。在無神論共產政權統治的時代，塔可夫斯基的作品滲透着俄國東正教傳統的氣息，難免跟建制格格不入。

擱筆的畫匠

《安德烈．盧布耶夫》（*Andrei Rublev*）（1966）是塔可夫斯基第二部作品，按15世紀傳奇東正教聖像畫家安德烈．盧布耶夫的事蹟改編。盧布耶夫年輕時已薄有名氣，受邀為王公在教堂內參與大型壁畫作業。他內心良善，深信上帝是慈愛的，不忍在繪畫「上帝審判」這主題時刻畫人類受苦的情形。這種執着拖慢了工作進度，引起同伴不滿，甚至連弟子也離開了。後來韃靼人入侵，在教堂內作出種種惡事，盧布耶夫竟出手殺人，自身信念大受打擊，從此封筆不畫，更立願禁言。

十多年過去，因為連年戰亂和疫症，不少鑄鐘師都死去，惟獨一個少年，自稱從亡父口中繼承了鑄鐘的祕密，召集了一眾工匠和村民去鑄鐘。盧布耶夫路過這村莊，見證着整個過程。鑄鐘計劃既是眾民的精神寄託，也受王公之命，不成功，便成仁。然而，直至宏亮的鐘聲響起之時，仍沒有人知道少年身負的「鑄鐘祕密」是什麼。結果鐘鑄好了，眾人歡天喜地，少年卻倒在盧布耶夫懷中告解：他父親根本沒有留下什麼祕訣，一切都是胡謅。不過這名少年，卻使盧布耶夫生命逆轉，他終於打破禁言令，並決志重拾畫筆——後來才創作了《三位一體》（*Trinity*）這流傳後世的傑作。

失望的潛行者

之後塔可夫斯基拍攝了自傳式的《鏡子》（*The Mirror*）（1975）和兩齣科幻題材的作品：《索拉里斯》（*Solaris*）（1972）和《潛行者》（*Stalker*）（1979）。雖然《潛行者》起初的布局是「科幻」，骨子裏卻是「靈幻」。

相傳一塊隕石曾墜落某地，令那區域成為無人地帶。據說區內有一個神祕的「房間」，能滿足進入者心底裏的願望。但人們必須由「潛行者」引路，否則可能性命不保。這次潛行者要帶領一位作家和一位科學家進入「房間」；他們越過持械守衛的關卡，進入了一個曾有人迹，但現已荒廢的區域。潛行者警告兩位訪客，這區域滿布陷阱，也會隨着進入者的心境而轉變，所以隨便亂闖的人皆有去無回。他們幾經迂迴兜轉，終於到達了「房間」門前，這時候作家和科學家竟不想進去。原來科學家認為「房間」太危險，若給一個心術不正又要改變世界的人在其中許願的話，後果不堪設想，所以帶了一個炸彈來要炸毀「房間」；作家本來苦於靈感枯竭，希望得到寫作的無盡天賦。但他在路途上一路思索，臨到「房間」之前，才覺得一切理想皆無意義，倒不如酒醉宴樂。作家徹底的懷疑論調也影響了科學家，使他放棄了炸毀「房間」的念頭。三人折返，潛行者因為人們失去信念而悲憤莫名，他的妻子卻走到觀眾面前，坦言即使眾人都視潛行者為笑柄，會為親人帶來不幸（其女兒無法走路），她對這段婚姻仍無怨無悔。

無法排遣思鄉情

完成《潛行者》之後，塔可夫斯基無法再忍受蘇共政府對其創作的制肘，決定離開祖國，在歐洲繼續創作。這是一個痛苦的決定，他在意大利拍攝的《鄉愁》（*Nostalghia*）（1983）正反映出這種矛盾。《鄉愁》講述俄國作家安德烈．哥查可夫（Andrei Gorchakov）到意大利考察音樂家帕維爾．索斯諾夫斯基（Pavel Sosnovsky）的事蹟，卻像後者一樣陷入難解的鄉愁之中。他們跟塔可夫斯基本人一樣，所企盼的是無可挽回的精神之鄉，而非某個實際存在的地方，這種企盼使他們陷入了深深的孤獨之中。

哥查可夫面對意大利的古蹟和名畫完全提不起興趣，對着美麗又投懷送抱的隨身翻譯員也冷漠抗拒，甚至連本身的研究工作也開始覺得毫無意義，反而被一個古怪的老頭多明尼克所吸引。多明尼克是眾人眼中的瘋子，曾因為「世界末日將臨」而把家人困在室內七年。他相信只要提着蠟燭穿過聖嘉芙蓮溫泉，便能拯救世界；可是因人們視他為瘋子而阻止他。多明尼克把一支蠟燭交託給哥查可夫，希望後者能代他完成未竟之志。結果，哥查可夫在回國前突然折返聖嘉芙蓮溫泉，嘗試提着蠟燭穿過去；正當那個時候，多明尼克走到羅馬，在廣場上大聲宣告，勸人悔改，隨即自焚殉道。幾經嘗試，哥查可夫終於成功地提着燭火穿過溫泉，但潛藏的心病也發作了。在死亡之時，哥查可夫終於回到他的精神故鄉。

焚毀一切的大師

兩、三年後，當塔可夫斯基在瑞典拍攝《犧牲》(*The Sacrifice*)(1986)之時，仍未知道他的癌症已擴散，而《犧牲》將會是他最後一部作品。身兼大學講師、演員和作家身分的亞歷山大馬上要迎接 50 歲生辰，他帶着兒子栽種一棵枯樹，並講述一個僧侶為枯樹澆水直至開花的故事。家人和好友齊集亞歷山大的海邊小屋，準備為他慶祝，但他卻有一種莫名的惶惑。忽然核戰爆發的消息傳來，末日將臨，他的妻子情緒馬上崩潰了。亞歷山大在幾乎絕望之際，向上天祈求扭轉一切，立願捨棄財產、家庭、事業、語言……一切。他從那位充滿着神祕知識的郵差朋友奧圖處得知，家中的女傭瑪莉亞其實是女巫，只要跟她同牀，便能達成願望。亞歷山大照着行了。一覺醒來，他發現一切如常，災難彷彿從未降臨，便遵守承諾，一把火燒了房子，閉口不語，結果被家人送上救護車，似乎要駛往精神病院……

聖愚的法則

很多評論家都指出，塔可夫斯基電影中很多重要角色都帶着俄羅斯傳統的「聖愚」（Holy Fool）形象，這也是其電影的魅力所在。「聖愚」是「為了基督的愚癡」的簡稱，根源自基督宗教，然後漸漸深入俄國文化的骨髓中，發展出不帶有宗教身分的文藝形象。「聖愚」這稱號本身蘊涵着內在的張力，既神聖又愚癡，言行與別不同，對一般人來說，自然會衍生出一個疑問：「我們應否視他們為榜樣？」學者Ewa M. Thompson從有關聖愚的典籍中歸納出由五組「二律背反」法則所組成的「聖愚法規」：智慧——愚蠢、純潔——污穢、傳統——無根、溫順——強橫、崇敬——嘲諷。她更提出，俄羅斯聖愚傳統其實是基督教和薩滿教民間信仰的混合物，有別於理想中因為充滿憐憫、謙卑順服於上帝而在世俗人眼中顯得愚拙的虔誠基督徒[1]。相反，歷史上的俄國「聖愚」有不少實際上是精神病人或投機取巧者[2]。

塔可夫斯基的電影裏，常常引用《聖經》經文，安德烈．盧布耶夫亦是一位名留青史的東正教畫僧，可見這位導演的宗教傾向（在一個無神論政權治下，這並非一種優勢）。然而，塔可夫斯基的「聖愚」行徑，並非一般信徒期望的「好見證」，甚至是「犯罪」的——例如《犧牲》中的亞歷山大與「巫女」瑪莉亞同牀，就是婚外性行為和施行巫術。塔氏鏡頭中的「聖愚」，跟其他基督教電影中的聖愚有所不同。例如意大利導演羅西里尼（Roberto Rossellini）的《聖法蘭西斯之花》（*The Flowers of St. Francis*）（1950）描寫法蘭西斯神父與跟他一起苦修的弟兄們的事蹟，呈現了安貧樂道、團結友愛的宗教美德。但塔可夫斯基則強調在信仰已然失落的現代社會中，面對着各種苦難和罪惡，人必須重拾宗教精神，才不致於徹底絕望與沉淪。「聖愚」與其說是一種榜樣，不如說是上帝再度介入人世時一個活生生的徵兆。

電影中的聖愚力量

在《安德烈．盧布耶夫》、《潛行者》、《鄉愁》和《犧牲》中，帶有聖愚特徵的角色不只一個。除了《潛》之外，戲中主角都是被其他「聖愚」啟發而成為其繼承者。這些繼承者本來都是有識之士，但對着世道之黑暗，其才能卻無用武之地。他們執著美善，不願妥協，走上孤獨之路。這種按世俗的智慧顯得格格不入的特色，反映出聖愚的潛質，引起了其他「聖愚」的注意。盧布耶夫深信上帝慈愛，不想繪畫末日審判時世人受苦的執著，引起了同伴和委託者的不滿。在今天的標準來看，那是「不專業」的表現。然後戰火燒來，他不單目睹罪惡，更親手殺了人，大受衝擊。他棄絕繪畫和言語，因他已無道可傳。能令他改變的，是多年後遇上的鑄鐘少年。這少年沒有什麼家傳祕訣，卻撒了一個可能賠上性命的大謊，純粹憑信心和熱情去工作，是愚拙的表現，最後卻完成巨鐘，讓人們重拾精神寄託。整個過程看在盧布耶夫眼裏是神蹟，是恩典的重臨，結果他回復信心。

《鄉愁》中的哥查可夫空有一身才學，無法排解鄉愁。他大概期望在研究索斯諾夫斯基的生平時會得到一點啟發，結果也是徒勞。多明尼克作為「聖愚」出現，成了前者最後的盼望。多明尼克在眾人眼中是瘋子，但哥查可夫卻看到他那顆純正的內心。多明尼克把「點燃蠟燭走過溫泉便能救世」的使命傳給哥查可夫，因為他知道哥查可夫跟自己一樣，渴求着終極的歸宿。結果多明尼克把自己變成了蠟燭，哥查可夫接了「聖愚」之棒，最終也犧牲了性命。也許在其他人眼中，哥查可夫也是瘋了。但對於他們二人來說，在懷有信念的人之間才能獲得安頓於精神故鄉的奧祕。

《犧牲》的亞歷山大跟盧布耶夫和哥查可夫一樣，他們滿懷才學、衣食無憂、薄有名氣，按現代社會的標準已是「成功典範」，但面對着終極的問題——有關精神的歸宿與安頓、世上的苦難和罪惡——那些「成功」完全沒有意義。在末日來臨之際，亞歷山大發現自己無能為力，只能許下犧牲一切之願來祈求上帝扭轉。啟發他的「聖愚」是郵差奧圖和女傭瑪莉亞，兩名社會地位低微而背景神祕的人。奧圖專研神祕學，也會在送信時跟阿歷山大這學者談論尼采的哲學；瑪莉亞在他人眼中是個孤僻的怪人，但她卻能了解並撫慰亞歷山大的哀傷。亞歷山大須得到二人的幫助才能拯救世界，最終也成為一個「聖愚」——別人眼中的瘋子。

《潛行者》則有所不同，其主角就是那位意欲啟發別人的「聖愚」。他的對象是兩個知識份子。對潛行者來說，那個神祕房間對世人意義重大，即使在現代社會，憑藉世俗知識和技術的發展，人們仍然活得痛苦，所以那房間成為絕望之人最後的希望。然而相信這一點的人很少，潛行者被人嘲笑，也曾因闖入禁區而遭監禁，他仍矢志為了守護丁點的希望而犧牲個人安逸，就像多明尼克和哥查可夫要守護着燭火一樣。可惜這次跟隨潛行者找尋「房間」的科學家和作家並不像塔氏其他電影中的知識份子，願意擁抱信念，反而在「房間」的門檻之前選擇徹底的犬儒——他們決志：「我不相信！」潛行者因此大受打擊，控訴這些沒有信念的所謂「知識份子」。他或許忽略了身邊原來一直有一位真正的「聖愚」，他的妻子，明知他是眾人的笑柄，仍然不理家人反對嫁給他，心底裏無怨無悔地愛他。

今日之聖愚

聖愚無法成為模範，相反，他們往往挑戰規範、打破慣例。那麼，述說他們的故事有什麼意義呢？若他們不能被視為模範，人們便不能從他們身上學效什麼。

當上帝介入人世，指派祂的僕人行事，性質並不一定是規範性的。舊約先知何西亞奉上帝之命娶淫婦為妻、以西結以糞起火烤餅、以賽亞和彌迦赤腳露體地遊走民間，皆打破了既定的規矩，不免在人們眼中視為「不正常」。上帝賜予人理性，而理性與規則是天作之合，人需要規則指引如何行事，也需要有一致性和普適性的規律。然而上帝既為定規者，也可以打破規則；祂可以透過其僕人在獨特的歷史時刻向人宣告，譴責其罪，勸其悔改。這些先知之言行有其獨特的時代意義，卻不必然符合大多數人的常態。有趣的是，這種形式雖在普遍法則以外，卻會再三重複出現。

塔可夫斯基的「聖愚」也像《聖經》中的先知一般，其信念與言行之意義針對着獨特的時代背景。而塔氏本身也是一個「聖愚」；他見證着現代社會中，人倚仗着理性和自己設立的法規，以為可以控制和預期一切，卻終究無法解決人生安頓、罪惡和苦難等終極問題，反而在核子災難的陰霾下一邊惶惑不安、一邊虛空宴樂。知識份子在電影中被質疑藐視（例如《潛行者》中的兩個訪客、

《鄉愁》和《犧牲》的男主角），他們腦中的知識和口中的道理再無意義，倒不如默然不語（盧布耶夫和亞歷山大立願禁言；潛行者的女兒和亞歷山大的兒子不說話）。絕聖棄智，是為了回歸始源。宗教就是戲中聖愚的靈魂故鄉；他們的奇怪言行，只為警告人們這個時代存在的危機，世人須重拾信仰才能得到救贖。他們的「救世」方法實際上是否可行，並不那麼重要，重要的是人們回到信仰與希望之途。可惜人們偏偏視他們為愚癡，只有少數人能繼承這些「聖愚」的燭火。

塔氏「聖愚」還有一個共通點，就是具備一顆赤子之心；「變成小孩子的樣式」是排解靈魂裡的鄉愁的一條通道。孩童在塔可夫斯基的電影中往往象徵着希望。在他最後一齣電影《犧牲》的最後一幕，亞歷山大被救護車載走時，經過那棵枯樹，就是他與喉部剛動過手術而不能言語的兒子一起種下的。那時候，兒子正為枯樹澆水，並不知父親在車上。鏡頭一轉，兒子躺在樹下，突然開口說話：「『太初有道』。為什麼呢，爸爸？」這是塔氏作品的最後一句對白，不像現代人總自以為擁有答案，而是帶着問題，「無知」地回轉向父神。似愚猶聖，既是終結，也是始源。

註釋

1. 〈哥林多前書〉一章十八至三十節。
2. 湯姆遜（Ewa M. Thompson）著：《理解俄國：俄國文化中的聖愚》。香港：牛津，1995。

天國子民的文字確認

曾雪儀

我對天國子民的理解一直在模塑過程中，我帶着兩個問題下筆：「什麼人才算是天國子民？天國子民有何行為表現？」我意圖交出答案，但放諸四海而皆準的答案在《聖經》裏，不在這篇文字裏。這一篇文字，我只是藉近年的個人反省及社會觀察，勾劃我這一代香港基督徒的其中一個面貌，並透過反思信仰，深化我以至讀者對天國子民這身分的認同及理解。我放膽作出以下嘗試，邀請你加入。

單純的一代

我是喝香港大眾文化和基督教文化的混合奶水長大的。父母上班，童年時無線卡通和教育電視是我的監護人，粵語悲情流行曲是我少年時的啟蒙老師，兩次殘酷的公開考試是我青年時期的 life coach。入大學前，我的心理結構跟大部分同時代的香港人一樣——對社會時事感到冷漠。然而因為教會學校和我在大學期間某些信仰同行者對我的潛移默化，我對社會事情忽爾又會熱切地關注起來。

我忽冷忽熱地關心社會的情況維持了許久，譬如曾有一段日子，每當心血來潮，我就會讀着報紙為新聞的主角祈禱，那段日子難過也深刻，卻不能持久。我的心情漸漸變得時而低落時而亢奮，例如讀到一則青年自殺的新聞，我會投入想像他的困境和絕望，但在我面前卻缺乏實質的證據和實在的人，使我的祈禱變成了空想，變成了折射情感的活動，失去了意義。

真正想尋根究底的人也很少，正如我自認十分善忘，關注過的東西很快又會忘記。我形容自己屬於單純的一代，單純得有點矛盾，矛盾得有點離譜。矛盾是我既想人間有情，卻不想讓別人的痛苦侵佔自己的清靜；既想理性思考，卻不想深究事情的始末和意義。於是我這一類人模棱兩可地活着，缺乏高昂的意志，生活沒有激情。

平庸的城市

沒有激情的城市過於平庸，令人沮喪，且看我城如何彌補這空洞：「開心又買鞋，唔開心又買鞋」——海港城；Nothing is impossible–Nike；Fast or fail–Adidas。消費意志是我城的最高意志，適合各階層人士，有了消費，人們變得沒那麼矛盾，因為人們只要抱着一個宗旨：「有錢，我就買到激情，買到夢想！」這真是一句激昂的口號，主導着許多人的行動。

我理解的天國子民，理應被一種比消費意志更高的意志主導着生活和行動的。

「又有一人說：『主，我要跟從你，但容我先去辭別我家裏的人。』耶穌說：『手扶着犁向後看的，不配進神的國。』」（路九 61）耶穌這是說，跟從祂的人要心無旁騖，專注於竭力進入神的國，這需要很大的熱情。不冷不熱的教會會被主吐出，忽冷忽熱的信徒時常追求在神以外的目標，最終會否耕出歪斜的泥溝，成為一個不稱職的基督徒？這類人配進入神的國嗎？

耶穌教導門徒關注貧窮人和孤兒寡婦，為當今信徒提供關心社會的信仰基礎。

天國子民的位分

上一代的信徒在港英政府提供的機會下有較多機會當社會領袖，當時也有向上流動的階梯，因此《聖經》記載的領袖奮鬥事蹟對他們有很多鼓勵和啟發。我這一代人有向下流的趨勢，平民大眾的面貌或許更貼近我們的處境，引發我們的信仰想像。在此我想借〈以斯帖記〉比對現今的處境，寄託我這一代屬神子民的盼望，思考進一步行動的可能性。

亞哈隨魯王的時候，被擄多年的猶大人與其他種族的人同住，受異族的統治。亞甲族的哈曼因猶大人末底改不肯跪他，起了仇恨動了殺機，全地的猶大人知道哈曼要除滅他們後都十分惶恐。香港回歸後一國兩制岌岌可危，一股霸道的勢力來勢洶洶，中港矛盾嚴重，本土派與「蝗蟲」勢不兩立，香港人感到自身難保，誠惶誠恐。有人選擇沉默服從，有人選擇豎立本土旗幟，有人選擇透過不斷宣講喚醒更多的人。猶大人的反應是「大大悲哀，禁食哭泣哀號，穿麻衣躺在灰中……」他們自知反抗不了，惟有一起抱頭悲哭。這時末底改叮囑以斯帖：「你莫想在王宮裏強過一切猶大人，得免這禍。此時你若閉口不言，猶大人必從別處得解脫，蒙拯救，你和你父家必致滅亡。焉知你得了王后的位分不是為了現今的機會嗎？」（斯四 14）這叮嚀多麼似我們對香港官員和政客的期望！我們多麼需要一些能影響大局又寸步不讓的領袖。

《聖經》記載，以斯帖最終讓猶大人保住了性命，她和末底改堅囑猶大人和後裔守「普珥日」，世世代代記念這日子。我們今天不必用暴力來解決問題，但族羣間的張力依然存在，天國子民既熱心關注影響人生活質素的政治氣候和社會制度，更要與神共同參與揀選合適的人當社會領袖，並要向政治領袖進諫。於是，我可以在祈禱中求神幫助我城選出合神心意、願意堅守原則而不會出賣香港人生存空間的政治領袖。中國古代君主不是由人民選出來，但今天神能透過各種方法帶領合適的人上台，包括使用我們眾人的選票。

天國子民的盼望和行動不止一種，有人認為應該消除族羣政治，建立大同世界，這方向我很贊成，而我認為除個人修養外，有效的管治亦能幫助化解矛盾。以上的信仰整合，或許只能應用在我身上，沒有普遍性。但如果你恰巧發現你的情況跟我有點相似，那邀請你也為我們能好好守住天國子民的身分祈禱。我寄望有一天，天國子民與其他人和平共處，我們可以世世代代記念耶和華拯救我們的日子。

文字中探尋天國身分

上面提到我的個人背景，形容自己模稜兩可地生活，所指的是內心狀況，跟我的行動關係不大。過去我也會參與社會關懷行動如探訪老人院、做義工、幫助別人、捐獻、為別人代禱等。凡我認為有意義，而我時間和心力上許可的，我都儘量參與。我也努力讀書，即使算不上讀書考試成績非凡，仍然為自己的成績和未來負責任，不是個馬馬虎虎的人。但因為人的能力和時間有限，當我選擇關注和思考什麼，我傾向選擇抽離社會的問題去思考，具體展現出來的，就是我很早已傾向忽略文學、歷史、地理類科目，轉投抽象的數理、化學類科目。其中一個原因，是因為我在中學時期未找到學習思考真實處境的方法，我以為文科多是死記硬背，缺少分析性思維。而當我升讀大學，卻察覺化學科，尤其是當中的實用科，依然是靠死記硬背。我喜歡分析問題，但分析的基礎是確實的資料。

後來我自省和分析，發現要完成上帝給我的呼召，或成為上帝國流通的管子，我必須從社會世事和文化中獲取真實的材料，並透過信仰的眼睛來分析，才能達成上帝在我身上彰顯上帝國的心意。這並不關乎我有否參與社關行動，更在乎我是否一個整合中心，活出天國子民的身分。

在這模模糊糊的探索下，我開始了文字工作，包括創作小說、劇本和詩，和寫分析性的評論文章。我的作品不多，讀者數量也不知有多少，卻是我活出天國子民身分的明證，是我學習跟隨耶穌的練習。我曾就北京農民工子弟的生存實況寫下《漂流到北京》（突破，2009）；就自己的生活感受和體驗寫詩，發表在個人網絡空間或詩刊，也在《時代論壇》寫漫畫評論文章，另外也寫過評論時事的文章和靈修文章。我的文字和生命仍在成長，談不上有什麼風範，但我深信天父的厚恩會保守我在祂的國度裏不失腳。

曾雪儀
目前委身於思考並活出福音在我城的真義。把與北京農民工子弟相遇的經歷寫成小説《漂流到北京》。

離開開端的一小步

吳諾雯

「原來這世界不只我一個是傻的呀。」這句開場白，在這晚上此起彼落。

這晚我們以「一小步」的名義，請來一些在網絡上記錄社區小店故事的朋友，四十多人，齊集佐敦突破中心的活動室一起吃喝——既分享自己成長的社區環境，又討論大家收集到的故事，彼此開闊眼界。大夥兒興致勃勃，由七時喧鬧到十時多，爭相站出來發言，分享自己在做的事，台下不時插嘴討論，甚少人中途離場，大家彷彿都在期盼着，有些什麼「新搞作」，會在這些初相識的夥伴之間發生。

「不只我一個是傻的！」是很多人在這晚聚會中的重大發現。原來這批「傻」的人，在這個效率為先的城市裏，為數也不少啊。(這「傻」，是指不為回報，一腔熱血守護和記錄社區裏美好的人和事。)

網絡上走一小步

我是從Facebook認識這班「傻瓜」所做的事，也是透過Facebook聯絡他們，邀請他們來參加飯局。話說回來，如果沒有互聯網，沒有Facebook，我不單沒有機會與這班人相遇，他們彼此能否相遇也未能預料。沒遇上知音人，也許個別一兩個「傻瓜」就更難堅持傻下去了。

「一小步」是我們開設的一個網上媒體，於 2013 年 1 月開始。2012 年，據説是瑪雅曆的終結，傳說中的末日。我們的城市，也在這一年的暑假，經歷了一次對政治和社會的「覺醒」，一場「反國教運動」提醒了我們，身處的城市正在面臨一個怎樣的狀況，「一小步」的起始點，就是想回應，社會在覺醒之後，那在公民廣場湧現的熱情，怎樣在日常生活中實踐。

覺醒是一種內在的、本質上的變化，是超越政治理念的；覺醒，指向狀態上的改變，是看世界從此不再一樣的起始點——這兩點對我來說，是更確認體現人間天國是怎樣的一回事，也是我竭力追求的方向。

好像說得太誇張了；但當時的我確是懷着這種熱情。

覺醒之後

這是一份由覺醒而來的熱情。我對世界的認知，一下子好像戴上了另一副眼鏡，看見信念和實踐之間的鴻溝。我發現，許多人雖說覺醒了，但在Facebook分享過後，大家的生活仍舊與之前毫無分別——教會愛筵大吃大喝滿枱剩食，每人最少用三件即棄餐具；弟兄姊妹相交就是互吐苦水，投訴家裏的工人如何不濟、工作間的同事如何古怪（反照自己的正經能幹）、子女升中入學的推薦信要拜託哪位知名人士去寫……然後剩下的生活就只是拚命工作賺錢了。

生活的基調沒有改變，這是哪門子的覺醒呢？

很多時，我們所謂良心生活一小步，只是在說少用一個膠袋，少吃一次外賣。這些個人生活裏的實踐，就如星巴克莫卡咖啡上的忌廉，想要就要，是一種添加（add-on）。「做到幾多咪做囉」，然後放在Facebook上炫耀一下，儀式隨即結束，與我們原來的生活可以沒有多大關係；就算做不到，也無傷大雅，生活如常。

對於善行，我們一般都不會說是不好的，但就太害怕會打擾我們原來的生活。然後我們就用「理想與現實」的託詞，把價值和實踐分開，一方面搶佔價值高地，讓人覺得我們是高尚的好人，另一方面則毋須作出重要的改變，真箇「毫無代價唱最幸福的歌」。

有時，我們會把現實和理想隔得太開，彷彿講求理想的人就是不顧現實，不吃人間煙火的，只活在理想世界的幻想中。恰好相反，現實和理想缺一不可。正如我們的信仰，耶穌基督是道成肉身的上帝，天國和人間是分不開的，理想和現實是互相豐富的。早晨的存在，能使黑暗成為讓人休歇的晚上。現實能使理想有了具體實踐的場景，使理想不致成為空談；而理想則反過來使現實有了可提升的方向，使日常生活不致成為漫無目的的空轉人生，而產生了本質上的變化。

小步累積成大步

小小一步的實踐，即使未必能做到什麼改變世界，未必能吸引大眾媒體的鏡頭，卻仍能像暗室點燈般帶來改變。光要照在黑暗裏，光的存在，不是一種添加或點綴，而是要改變黑暗。上帝膀臂所伸之處，即使是稍縱即逝的野花，也有永恆不朽的美麗。

從少用一個膠袋開始，只要我們把信念融入生活，開始留意不同物料對環境的影響，減少製造其他廢物，甚至減少不必要的消費；然後把這些生活實踐跟他人分享，邀請人一起反思、加入。這樣子少用一個膠袋，就不再是加添一項良心生活的善行，而是從根本處改變我們本來的生活模式和視野。

「一小步」想在網上展示不同人在日常生活裏，那些持之以恆地進行的實驗、運動和旅程，引發討論，示範另一種生活的可能，也吸引其他人一起踏出屬於自己的一小步。我們希望在這個社交媒體時代，結連不同的實踐者，讓我們可以累積，成為改變社會，在人間實踐天國信念的關鍵羣眾（critical mass）。

很多人告訴我喜歡「一小步」這個名字，雖然我也喜歡，但漸漸我就心裏納悶。「做得幾多做幾多」固然正確，但不能甘心停留在一小步就自我滿足啊，否則，這就辜負了那使人心覺醒的上主了。

是的，我心裏的圖畫，雖由一小步開始，卻不是只有一小步這麼小。

我們只在這地活一次，祝福你由一小步開始，找到你的戰友，離開一小步的開端。

吳諾雯
突破機構網上媒體「一小步」監製。

一小步 Little Post
www.littlepost.hk
取名Little Post，有兩個意思。
Little ── 由「小」開始思考生活裏每一個層面；暫時的欄目有「小人物」、「小媒體」、「小信仰」和「小革命」。
Post ── 希望在Facebook橫行的web 2.0 年代，想像post-web 2.0，對網上世界保持批判的距離，想像網上媒體的新可能。Post 也是指一個post-awakening（後覺醒，覺醒後）的時代，思考我們如何生活。

神學實踐之旅

紀治興

提早從商界退休之後，走去唸神學，這是一個頒發碩士學位的興趣班，因為只有一科是必修的，其餘七科可以自由選擇，所以容許我揀時間、揀老師、揀科目。第一年經常聽見老師和同學提起「神學反省」一詞，很想學曉這到底是怎樣的一回事。第二年上學期決定修讀「系統神學（一）」的課程。在最後一堂，老師教了半堂「解放神學」，其中包括介紹李安納度．波夫（Leonardo Boff）的神學反省框架，聽後使我納悶了一年多，但終於對所尋找的答案有了初步的認識，踏出第一步。

解放神學的啟發

解放神學與一向認識的系統神學不同，它的起點，不是信仰尋求理解，而是信仰尋求社會改變。系統神學的工具是哲學，解放神學的工具是實踐性的學科，包括社會學和管理學等。解放神學的發源地是拉丁美洲，落實的方式是社會鬥爭，甚至是革命；

但在香港，它可應用於優化社會(Societal Betterment)，尤其是踐行愛鄰如己和接待陌生人等的《聖經》價值，讓上主旨意中最大的誡命可以行在地上。

2012年，香港公平貿易聯盟訪問了600多人，請受訪者選出哪個羣體最願意支持如良心消費般的善行：

82%選政府
52%選慈善團體
49%選學界
48%選貿易業
45%選餐飲業
31%選酒店業
27%選宗教團體
24%選金融業

信仰羣體給市民的印象是「講就多，做就少」。與「**願人都尊你的名為聖**」（**太六 9**），有一段頗遠的距離。另外，2014 年在香港舉辦的全球領袖高峰會中，當主持人問現場 600 位出席者，香港教會所面對的挑戰，排序如下：

1. **最多人認同的是「教會是無關痛癢的」（Church is Irrelevant）；**
2. **內向與保守；**
3. **缺乏愛與關懷；**
4. **願景與目標模糊；**
5. **缺乏好領袖。**

香港教會就像《聖經》中的老底嘉教會一樣，城市極之富裕（啟三 17），但信仰上不冷不熱（啟三 15-16），導致一般市民認為教會是無關痛癢的。

安德烈·盧布耶夫(Andrei Rublev)
《三位一體》(Trinity)(15世紀)

在香港，波夫的框架可以為民眾認識基督教提供一種進路。它是一個包含四個步驟的循環：

1.基督徒對現實議題的親身體驗；
2.就這個議題及經驗的社會學想像；
3.《聖經》的詮釋，及實踐的默想等；
4.是經過三層反思後再次實踐的親身體驗，不斷循環。

基督徒要化信仰為行動，以行動改變社會，讓人都尊上主的名為聖。

第一步：親身體驗

基督徒必須對現實社會議題作親身體驗，而議題不是任意「挑選一個」社會議題。後者的是一種可以揀選的情況，通常只會在學術研究的範疇內才會出現，然而這種神學反省，不需要落地。前者則是指今天生活當中所面對的挑戰，是避無可避；亦正因如此，才集結出足夠的激情和動力，去作深入及必須落地的反省。

我事奉的豐盛社企學會（簡稱「豐盛」）所關注的議題，原先是幫助更新青少年重投社會，後來逐漸擴大為關注香港弱勢社羣的生活。除更生人士外，也包括南亞裔、新移民、長者、單親家庭、三低青年、智障和殘障人士，希望他們的生活不用落後主流的標準太遠，能夠有尊嚴地生活。

弱勢社羣有九種特點，其中一點，是「被誤解」，視障人士不是要「被可憐」、「被施捨」，這些態度是一種貶抑。在沒有了解每宗個案的獨特性之前，便標籤別人是弱者。其實，他們與大部分香港人一樣，需要的只是一個工作機會。

理論上，人的學習是以「知、明、信、行、慣」的循序漸進過程發生，但成人的轉化，更多是以「先行後知」的體驗式學習去轉化。在2013年10月，「豐盛」安排了一場「暗中夜宴」，由僱用長者的銀杏館負責供應飲食，「黑暗中對話」所僱用的視障人士任侍應，招呼30位神學院老師、堂會教牧和執事、平信徒領袖等，兩小時內在全黑的環境中享用西餐。過程中杯盤東歪西倒，洋相畢現。

餐後回到有正常燈照的會議廳，神學院老師、教牧和長執們，才第一次「看見」這些視障人士，恍然體會他們雖然失去視力（disability），但他們發展出新的能力去解決生活的問題（alternate ability），是常人所不及的。神學家和教牧們醒覺到，不是要去同情視障人士，而是開始學習佩服及欣賞；他們當然不想失去視力，但沒有因此而覺得自己是次等人，仍然可以快樂地生活。失去了視力的，不一定是可憐的人，世上有更多開眼但不知生活為何的可憐人。福音書的故事，可以有另一種詮釋。

第二步：社會學想像

先從社會學的角度去理解問題的起因和影響，然後探索有助解決問題的不同方案。弱勢社羣的存在，是自古而有，不是新生事物。新事物是由 90 年代開始的全球化，和伴隨而來的知識型經濟，致使富者愈富，而貧者分享不到經濟成果，導致貧富懸殊加劇，出現相對貧窮的問題。

以天水圍天光墟的玲姐為例，她是澳門人，移民到香港生活。隨着經濟轉型，因為學歷低而工作難求，為了生計而在天光墟做無牌小販，她只希望自力更生，可以糊口；但每天都要擔心食環署的埋伏和追捕，要東躲西逃，有如逃犯。另一方面要承受失業丈夫的家庭暴力。就是教會的牧師也認為她不應做無牌小販，因為這是沒有順服在上掌權者。兩年過去，玲姐終於撐不下去，患上情緒病，曾經想過輕生。直至遇上社區發展組織的社工黃姑娘，她主動協助小販們向政府爭取酌情處理。玲姐初時不敢出面，害怕會遭打壓；但最後亦願意挺身向公眾分享她們的困境及訴求，包括區議會、平機會、民政事務署、新聞媒體、學校等。終於，情況好轉，政府答應她們訴求的「先驅趕，後執法」。玲姐現時積極參與其他的社會行動，從社會的最底層發聲，要喚醒眾人何謂社會公義。她從一個受惠者（taker），變成施予者（giver）。

玲姐雖然生活在社會的底層，但不想靠政府、攞綜援。但對食環署來説，她是犯法的刁民，而且冥頑不靈，需要打壓。牧師無視她的生活艱難，只認定她做無牌小販就是錯，沒有為她想辦法，解決生活問題。玲姐及其他小販都是學識不多，無權無勢，只有逆來順受。多年都是過着惶恐和缺乏安全感的生活，一個看不見終結的苦難，令人產生絕望輕生的念頭。

無財，要靠人，不一定是苦。但因此而被誤解、被忽視、被排擠，才是苦。因為缺乏安全感和覺得羞恥，自己覺得苦。最後，朋友不多，故此資訊不靈而無知，無人可以團結而無權，這是無助的苦。

總結起來，弱勢社羣的處境是：無財、無知、無權、被忽視、被誤解、被排擠、要靠人、覺得羞恥、缺乏安全感。這不單是分配公義的問題，也是社會文化的問題。這不單是食環署前線或牧師有問題，而是社會上大多數人都是漠不關心，各人單顧自己的事所致。

第三步：詮釋性默想

詮釋性默想，早期的功課是重新詮釋《聖經》中有關照顧孤寡的經文，及先知書中上主對社會公義的要求和應許；但在堂會，這些教導成為沒有生命力的老生常談。好像是在關注貧弱，但只是停留在三萬呎高空，只講不做，是沒有行為的信心（雅二18），根本的偽善。

這裏嘗試參考胡仕揚所倡議職場神學的五種進路，將之修改為信徒回應社會議題，然後踐行的五個維度，包括靈性、倫理、宣教、創造和教會。焦點不是要闡釋相關神學觀念，可以如何支持扶貧助弱的理念；而是要拾遺補闕，為這五個神學範疇建議一種落地的行動，化神學觀念為神學實踐，以行動彰顯《聖經》價值，讓上主的旨意行在地上（太六10）。

靈性維度：靈性塑造包括與上主的關聯，對終極關懷的認知認信，及因前二者而產生的相應行為；然後是透過踐行的經歷，反省及擴展自己的視域，增強對事物規律的掌握力，加添人生智慧。這是個不斷轉化與超拔的過程。

信徒的靈修大都是靜態的讀經祈禱，保持與上主的聯繫，這是好的習慣。只是，耶穌道成肉身，是走進世界，我們可考慮一些塑造靈性的方法，參考十一奉獻的原則，每十次靈修有一次是以行動去靈修，主動走進市場去尋找耶穌。溫偉耀建議信徒應該嘗試光顧由弱勢社羣運作的社企，例如餐廳或商店，在光顧期間的幾分鐘至大半小時，透過觀察或聊天，與這些朋友同行片刻，當中可能見到玲姐的身影。其實，弱者只要解決了基本溫飽，他們都可以成為施予者；學識與富裕不是善行的必需元素，它們只是錦上添花。這種靈性塑造的功夫，是保持與弱者同行的習慣，讓我們不但脫離冷漠，更能體會施比受更為有福。

此外，還有「十行一善」，指每十天，有一日去行善，例如光顧社企，讓弱勢社羣藉着工作去進入社會，豐富他們的人生。

倫理維度：基督教倫理是以《聖經》價值來判斷對錯好壞，應該做什麼。但根據美國耶魯神學院的柯約翰教授（Prof. John J. Collins）解釋，清晰且有多處相關經文支持的《聖經》價值，遠沒有坊間斷章取義以支持自己立場的來得多。而且價值可以有等級輕重之分，最重要的《聖經》價值，是耶穌所標榜的愛神愛人兩條誡命。而它們是二而為一，都可以藉社會性的實踐去表達。基本的觀念是要「肯定人是人」，把當下相關的人當作人來幫助，因為上主願意所有人都得到幫助，祂在所有人之間建立一種「休戚與共」的關係，每個人都是他人的鄰舍。「行公義，好憐憫」不是額外的功德，盛載他人是因信稱義的人應有的行為。這是活出人的本質。

另一方面，現今生活的考慮大都是經濟性的。若果我們認同上主將財富和才幹託付給我們，我們有作為受託管家的責任，那「私產公益」便是值得考慮的信仰價值踐行。

作為二房東的「要有光」社企，最能協助這種踐行成真，它重視財富向度上的私產公益。它一方面聯絡有多餘住宅物業的有心大業主，以獨特的安排租出其單位；另一方面透過社工及慈善機構聯絡單親家庭，讓兩三戶單親家庭，以其所能負擔的金額租房成為三房客，而客廳則共用，成為小型的社交空間，建立住戶間的友情及互助關係。個案中大業主所彰顯的就是「私產公益」的取向，租金賺得愈小，滿足愈大！

另外，成為長期而投入的知識義工，在意義上是才幹向度上的私產公益。一年一兩次的義工，可能只是生活的一種調劑。但若果是每月或每週都參與的知識型義務工作，需要投入熱情，大量腦力甚至體力，在工作和生活上抽出時間和空間，是一種奉獻。

倫理及經濟學是遠房親戚，開始時經濟學是倫理的旁枝，因為經濟的目的是讓家人各得所需，所以經濟學的起源是倫理學。經濟的希臘原文是oikonomia，oikos是家，nomos是法則和規範，結合起來是指管理家資源的法則。但現時市場經濟反而侵蝕人的倫理價值。所以，「私產公益」的踐行實在是彰顯《聖經》的倫理價值。

宣教維度：Missio Dei的概念是上主在差遣，正如耶穌道成肉身走進世界，主動與人接觸。宣教士只是作為嚮導，幫助人去發現和認識上主。以下兩個例子中，宣教士都是以自己的生命故事幫助人認識主的愛。

由一對傳道人夫婦開辦的「加零壹搬運公司」，專門僱用更新人士，讓他們藉一份穩定工作和收入，重建人生。創辦人認為信仰應該內化於平常生活和工作中。他們有些做法，旁觀者會覺得是顛覆性的舉止，但他們以為本該如此。例如，他們不單培訓員工在搬運操作上的專業技巧，更包括行業的營運知識，讓員工有朝一日可以自立門戶，開創自己的搬運公司，甚至成為競爭對手。

「冬蔭泰」是一間專門僱用泰裔青年的泰國餐廳。一班信徒集資將它買下，既讓想回國的泰籍東主可安心落葉歸根，亦讓這裏成為城市宣教的工場，有機會藉集資擴大規模，幫助更多本地失業的泰青。各股東追求的不是盈利最大化，反而先是社會效益，次為國度效益，和最後的經濟回報的三重效益。

平信徒在生活上經常徘徊在信仰與私利之間作出取捨（either...or）。職場神學是鼓勵信徒，在工作中見證信仰（both...and）。而建基於社會企業的營商宣教，是藉着所建立及完全掌控的事業，藉愛他人去愛神，又同時要兼顧自己業務生存空間的三重目標。

創造維度：上主在創世之時，已將藉管理令人得以昌盛的責任交給始祖（創一28）。人雖然墮落，但責任仍在。〈啟示錄〉中的推雅推喇教會，因為是惟一行善和被讚許有愛心的教會 ，故此若果它能改錯得勝，獎賞是轄管列國（啟二19，26-27）。

善行是個別人士的行為，需要合適的文化處境讓它發展成社會規範。利查尼布爾（Richard Niebuhr）提出基督改變文化（Christ the Transformer of Culture）。耶穌不單是治病驅鬼；並且是藉教導影響更多人。祂在山上所教導的「八福」及其他教訓（太五），全是顛覆當時的價值觀，祂不是要摧毀律法，而是要成全律法，讓其背後愛神愛人的精義，得以藉切合當代處境文化的方式彰顯。改變文化是個持續創造與更新的過程。

埃里克賴特（Erik Wright）為「城市轉化」，提出夾縫式變革的進路。第一個階段是在論述的層次，提出一個應然（desirable）的理想狀況，這是一個初始假設，是從無到有。第二個階段是在踐行的層次，藉着一些先導計劃，證明所論述的是可行的（viable）；過程中初始假設不斷被修正及被豐富，透過實踐經驗的累積和交流，實驗的成功率亦漸漸提高。每個成功的突破，都成為一個灘頭（beachhead），為下一階段確立據點，這是從有到好。最後的階段是在滲透傳播和大規模應用的層次，當大部分人都相信事有可為之時，系統性改變便成為實然（achievable）；民間的量變引致體制的質變，這是從好到大。

在整個「城市轉化」的過程中，有很多規模大小不一的行動計劃供人參與。以社會創業運動為例，這些行動可以是組織良心消費團，集體實踐「十行一善」；組織效益投資者，一起履行私產公益；組織知識義工隊，協助社會企業的營運。再進一步，是出錢出力的營商宣教。這是集結個人為團契（傳四 9-10），同行與共享。

例如，「豐盛」着力於以社會創業作為推動「城」「市」轉化的組織。當中「城」是香港，「市」是牢控人心的市場經濟意識型態。在2013年，組織了20多人推動十一良心消費的文化，向20,000人解釋良心消費的行善意義，促成了24,000人次、共320萬元的良心消費，其中約50萬元成為弱勢社羣的工資。

推行城市轉化的項目，需要領導力，包括個人的誠信、對所關注議題的洞見和遠見、能凝聚及鼓舞跟隨者和「講得出做得到」的往績等，缺一不可。成功不一定在我，但成功的過程中有我。就是一生都追求不到成功，也能學會享受這個追求的過程，享受勞碌得來的分（傳五18）。但如果能向前推動它這麼一點點，便更是有益（傳三）。

教會維度：教會的存在是包括垂直的與上主關聯，和水平的與世人關聯，這樣才能全面地愛神愛人。對上主的真正事奉就是對人的事奉，對人的真正事奉就是事奉上主。現時香港教會在社會中是無關痛癢的，教會作為一個缺乏愛與關懷的羣體，表現內向。耶穌在「登山寶訓」中以「地上的鹽」和「世上的光」（太五 13-16）指出，教會是社會的酵素，作用是引發真正的和深刻的人性。教會是人的光源，將人引向它那種真理的認識。教會應當不僅說出真理，而且也活出真理，活出愛與關懷；不僅活出真理，更是說出真理。教會要發出先知的呼聲，對社會處境不再覺得無關痛癢。這是教會的目標和願景。

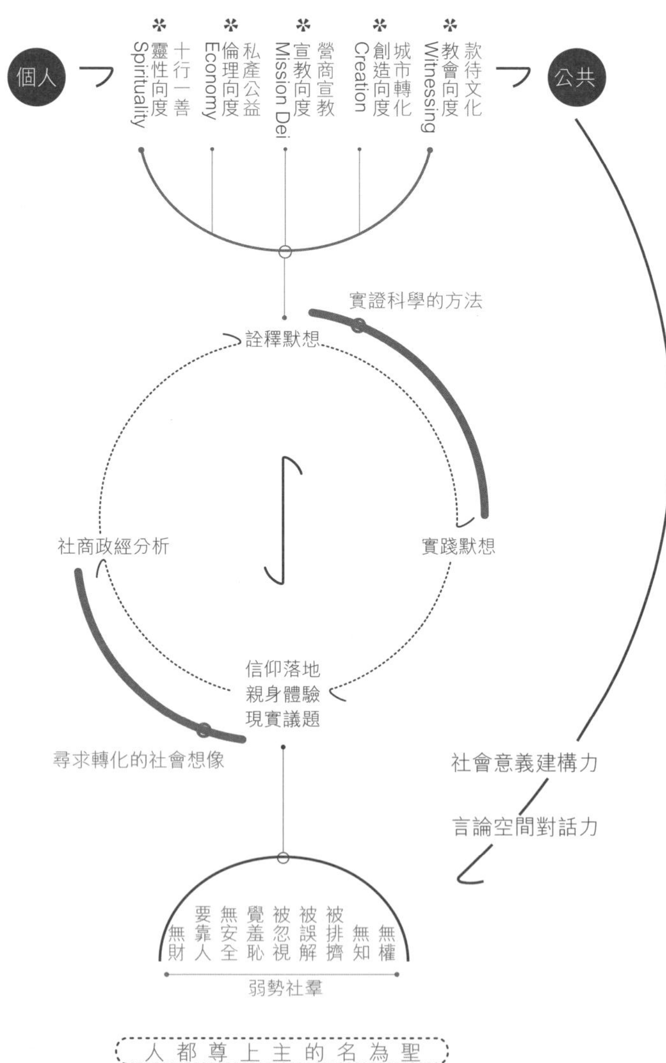

信仰的落地
上主的旨意行在地上
個人
公共
十行一善
靈性向度
Spirituality
私產公益
倫理向度
Economy
營商宣教
宣教向度
Mission Dei
城市轉化
創造向度
Creation
款待文化
教會向度
Witnessing
實證科學的方法
詮釋默想
社商政經分析
實踐默想
信仰落地
親身體驗
現實議題
尋求轉化的社會想像
社會意義建構力
言論空間對話力
無財
要靠人
無安全
覺羞恥
被忽視
被誤解
被排擠
無知
無權
弱勢社羣
人都尊上主的名為聖

身體力行

「十行一善」是為消閒活動加上善行，播道會恩福堂成立了社企支援小組，過去兩年都在堂內舉行 11 月推廣良心消費。「私產公益」是將上主所託付的資產回饋社會，宣道會北角堂自 2010 年起成立為社企提供知識型義工的葉忒羅團契，每年支援五間社企。「營商宣教」是出錢出力出時間的全情投入，聖公會聖約瑟堂，先後開辦了社企餐廳和三行公司。「城市轉化」是集體的活動、集體的見證，伯特利神學院的柏祺城市轉化中心，一直在這方面培訓教牧及信徒領袖，包括在 2014 年接辦香港區的全球領袖高峰會。

這些都是教會可以活出來的愛與關懷，把相信是應然的信念，轉化為實然的行動甚至結果。既愛鄰如己，又以款待的心態去關愛陌生人，讓上主的愛彰顯在人間。教會是一個見證上主的羣體，它不單是指向天國的符號，而是作為一個象徵，令人可以聯想天國生活的豐富實在，叫人悔改，尋求天國在人間。

實踐性默想

信仰尋求社會改變，不單是做「好事」，更要「做好件事」。神學教育專注於做「好人」「好事」，但對「做好」的着力不足，多是仰賴上主的恩典，叫萬事互相效力，希望有恩賜的弟兄姊妹能夠配搭，教牧決定需要做的「好事」，由信徒執行「做好」件事。這種想法合乎〈羅馬書〉中各按各職的教導（羅十二6）。漏洞通常是出在挑選執行者所需的殷別能力，及執行期間對「授權問責的機制」的操作知識。知人善用和授權問責，都需要學習和歷練。

尋求社會改變需要領導與管理的恩賜才幹。若果是較複雜的或規模較大的事情（complex programming），可能需要有基本的知識和經驗；包括勾畫整件事工的因果關係、藉背景研究或市場研究核實起初的假設、創新點子以尋求突破性果效、調動社交網絡內的資源以增加成功率、去除導致失敗的因素、設立可以定期檢查進度的方針及機制以避凶趨吉。

自2009年起，尹子信弟兄在播道會港福堂開辦社企的成人主日學，然後窩福堂和恩福堂也相繼開辦。宣道會北角堂亦在2010年開辦社企主日學，它們都是大型堂會。「豐盛」舉辦了兩年的使命商道論壇，收到中小型堂會的要求，期望開設社企主日學。同時期，韋鳴恩的團隊在英國40間教會開辦主日學教授如何成立食物銀行，藉此建立食物銀行網絡。受到這事啟發，「豐盛」在2014年於五個中型堂會，開辦社企成人主日學，讓弟兄姊妹學習以社會創業運動中的不同角色，包括良心消費者、知識義工、效益投資人、社會創業家等，參與城市轉化。焦點不是在學習，而是成立一個參與社關的細胞小組，堂會彼此分享及支援，活出信仰，「叫他們看見你們的好行為，便將榮耀歸給你們在天上的父。」（太五16）

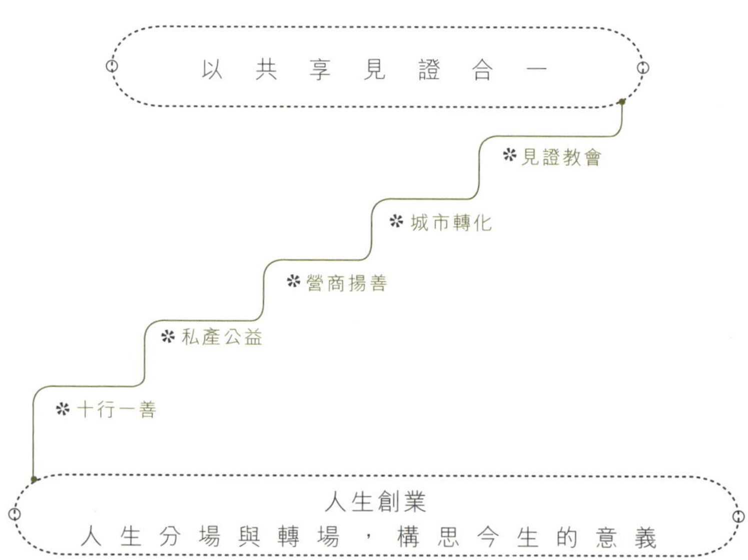

反省及實踐中的回想

從整個神學實踐的過程中，得到幾點觀察。第一，〈創世記〉一章二十八節中上主對人所說的「要生養眾多，遍滿地面，治理這

地，也要管理……」。這正好是社會創業的定義，即是「應用管理技巧以建設社會」，二者都是要好好管理，讓人得以昌盛。第二，社企衍生的不同角色和踐行，可以填補神學觀念在「落地」方面的真空，成為神學實踐。第三，有很多信徒及非信徒，都願意扶弱助貧，雖然不是人人都想做又能做社會創業家，但人人都可以做良心消費者，這個角色簡單易明；比起推動社會資本、或關懷文化來得直接，容易入位。社企衍生的其他角色，需要不同的投入程度，各人可因自己的處境，揀選合適的位置。

紀治興
香港浸會大學工商管理學院客座副教授。「豐盛社企學會」主席。民政事務局「社會企業咨詢委員會」成員、勞工福利局「社區投資共享基金」成員、扶貧委員會「社創基金」專責小組委員。前「惠普環球」副總裁及香港董事總經理。

留心去作美事

周佩波

初接觸信仰的時候，我問牧師神在哪裏，是在教會裏嗎？牧師說：「神不是只是教會的神，祂是入世而不屬世的神，是行動的神。」我再問，基督徒也不應只在教會裏吧？牧師答道：「在世上效法基督行事，作神的見證，是基督徒應行的事。」

我也一直在學習效法基督。我相信，每個被造的人都有他的價值和使命，我也一直在尋找自己的使命。我不住祈禱，祈求神告訴我何去何從。神給我的回應是清晰的。

《聖經》寫道：「眾人以為美的事要留心去作。」（羅十二 17）

《聖經》又寫道：「世人哪，耶和華已指示你何為善。祂向你所要的是什麼呢？只要你行公義、好憐憫、存謙卑的心，與你的神同行。」（彌六 8）

從助人中受助

基層出身的我，因恩師波Sir及摯友的幫助而走出困境。我也從義工服務中建立自信與價值，我清楚明白，關顧及幫助基層是我的使命。

那些年，成長於內地小鄉村的我，因聽不懂廣東話，要融入社會十分困難。就讀於第五組別學校，自卑的我常被歧視及欺凌，一度想放棄自己。更有人想誘迫我加入黑社會，幸好我拒絕了。在一切看似絕境的時刻，恩師波Sir出現，改變了我的人生。作為基督徒的他帶領我參加少年警訊活動，讓我踏上做義工的生涯，也讓我認識神，奠定我決意投入三成時間於慈善事業的心志。

我在義工服務投入的時間非常多，中學時期，每年參加逾百項義工服務。在服務中我學懂愛與被愛，懂得與人相處，凡事為人着想。那裏只有鼓勵，沒有歧視，心中的自卑感慢慢減退。參與義工服務使我生命蛻變，變得充滿正能量。

社會上需要關顧的人真的很多很多，我多麼想留在每個人身邊多一會，可是時間總是不夠。我明白，一個人的力量及時間始終有限，我必須多走一步，成為活動籌辦者，與其他同路人一同去做服務。這一步不容易，因為不擅辭令的我常常詞不達意，內向的性格更使我面對羣眾時十分懼怕。要走下去，我必須解決這一切。神告訴我，愛裏沒有恐懼。服務對象的笑容與鼓勵使我堅持下去。恩師也不斷給我機會去鍛煉自己，讓我尋回失去的自信。

一路走來，同道者愈來愈多。踏足社會，更開心的是，我在義工服務中遇上了同樣愛服務的另一半，並決定攜手同行。此外，我在不同的慈善團體遇上不同的同道者，並成為了多個機構的創始成員及核心成員。當中有推動義工精神的、有培育青年的、有關注環保的、也有專注於救災重建的。這些平台，讓義工可以自主籌辦他們的服務，找到他們想服務的人士。我看見一個又一個像我當年一樣的青年，從服務中找到自己，生命從此不一樣。其中使我印象特別深刻的，是一個基層青年，他總躲在一角，不願與其他義工一起，然而服務時他總是第一個走出來。經過數次服務之後，他被其他義工的熱情感染，也一起有說有笑了。這樣的例子很多很多。所以「義人」常常說：做義工不單為服務者帶來改變，義工本身所得的更多。

義工成為義行

義工本來就是一種精神，不應只停留在義工機構之中，應融入生活，成為義行。所以我着力傳遞這個信息，希望以生命影響生命，亦有幸透過到學校及機構舉行講座、分享會、義工培訓以及傳媒訪問去推廣義行精神。要使信息傳得更廣更快，離不開社交媒體。於是我與其他精於社交媒體的好友，一起在網絡上推廣義行義事，其中「待用文化」更在華人地區接觸了約二億人，提供待用食物或服務的機構及商店遍地開花、數以千計。

自女兒芷瑜歲半起，我們便帶她一起做義工。五歲半的她，已有四年義工經驗。她愛義務工作，喜歡關顧別人的需要，也會為別人的需要禱告。後來，我們亦專注推動家庭義工，讓下一代從小活出義工精神。

最近，我回應神的呼召，放下其他工作，多走一步，與亦師亦友的黃岳永弟兄一同創辦社會企業「加油香港企業」，為全港百萬基層提供優質而廉價的日常必需品，從最根本幫助基層人士。我們更提供平台，讓社會各界有心人或企業提供各種支援，成為基層朋友向上流動時的支點！社企於2014年4月起營運，至6月中已服務了五萬人。我全身投入新的服務，期望能為社會帶來希望與轉變。

一路走來，義工精神是我的能量來源，使我破繭而出，亦使我飛得更高更遠。更開心的是能看到服務使用者及其他義工的轉變，這是美麗動人的。以後的路還遠，也許不好走，但神總會與我們同行，成就美的事。

時至今日，每當我介紹自己，都離不開我的三個身分：父親、基督徒以及義工。這三個身分都是美的事，每個身分都給了我無比的力量，讓我繼續依靠着神，留心去作美的事。

周佩波
社企「加油香港企業」創辦人兼行政總裁，親子專欄作家，香港精神大使，現為多個慈善機構核心成員，矢志服務百萬基層以及推動生命及親子教育。

宣告

國度降臨

願你的國降臨——羣體的見證

陳競存

「願你的國降臨；願你的旨意行在地上，如同行在天上……」

沒有基督徒不懂得唸這篇「主禱文」。然而關於神的國降臨是怎麼一回事，卻似乎有很多不同的理解，有引用〈啟示錄〉裏新天新地的經文，理解為末日時候主耶穌的再來，也有人引用〈以賽亞書〉:「豺狼必與綿羊羔同居，豹子與山羊羔同臥；少壯獅子，與牛犢，並肥畜同群；小孩子要牽引他們。牛必與熊同食；牛犢必與小熊同臥；獅子必吃草，與牛一樣。吃奶的孩子必玩耍在虺蛇的洞口，斷奶的嬰兒必按手在毒蛇的穴上。」(賽十一 6-8)亦有人認為是「既濟未然」，教會就是天國在地上的顯現，直到他朝主再來全面掌權。

社會關懷與基督信仰

不少關心社會的信徒，認為「願主的國降臨」，意味着我們要把神的公義與憐憫等的信念，透過行動帶到社會去，讓天國實踐在我們所身處的社會，藉以讓人認識、體會神的國，這是基督徒的社會責任。可是這種想法在福音派教會當中卻被質疑是對福音的扭曲，被標籤為所謂「社會福音」，亦即是只顧做社會服務，救急扶危，而忽略了教會最重要的，拯救靈魂的使命。

然而自洛桑會議以後，教會的社會使命在福音派教會當中逐漸被肯定，在「洛桑信約」（The Lausanne Covenant，1974）中這樣提到：「儘管與人和好並不等同於與上帝和好，社會關懷也不等同於佈道，政治解放也不等同於救恩，我們還是確信：福音佈道和社會政治關懷都是我們基督徒的責任。因為這兩方面是我們在神論和人論的教義上，以及我們對鄰舍的愛和對基督的順服的必要體現。」這樣的宣稱嘗試確立基督徒社會關懷的必然位置，期望教會能夠多關注社會的處境和狀況。然而在實踐上，大多數的教會卻仍是以個人佈道與牧養，作為主要甚至惟一必要的任務。

為什麼教會對於社會總是顯得漠不關心？箇中原因頗為複雜，但至少有一點相信是很重要的，就是關於「願你的國降臨」所提及的神的國，也許大家一直都沒有認真理解和看待，致使我們的福音觀只停留在個人靈魂得救的層面，讓大多數教會信徒都無法理解社會關懷跟福音有何必然關係。從「洛桑信約」的表述亦可見到，社會關懷與佈道，政治解放和救恩，總被視為兩個不同、甚至對立的概念來看待。故此亦使得一些關心社會的信徒，對教會的「冷漠」心生不滿，選擇了在教會以外行動。筆者相信基督信仰所傳的福音，並不僅是個人的靈魂得救，而是神對整個世界的創造與救贖，對「願你的國降臨」的恰當理解，能讓我們明白我們所傳的福音，跟我們如何在社會自處，以及承擔福音使命的教會之間，有着密不可分的關係。

什麼樣的福音

大多數信徒對福音的理解，都是認罪悔改，接受耶穌基督作個人生命的主，讓靈魂得救，得着永生。因此整個信仰主要是關乎個人的抉擇，就是要不要接受這信仰和跟隨主耶穌。信了耶穌之後，要做的就是週末返教會，聚會、奉獻和事奉。平日則是做個「好人」(美好生活見證)，有機會就邀請朋友、同事上教會之類。這樣的福音信仰，並沒有為信徒的生命帶來太大的改變，信了耶穌之後我們照樣的上班、交友、娛樂、計劃人生，最重要的是我們的人生觀和價值觀並沒有什麼轉變，一樣的在職場上向上爬，一樣的買樓結婚生仔，一樣的度假遊埠；分別只在於多了一個祈求的對象，在追求目標的時候則會被要求以較為道德的方法為之。相信了一個「正確」的神，一方面向祂祈求所需，另一方面遵行祂在道德上的要求，並向其他人推廣此信仰，已經算是基本上滿足了福音信仰的要求。然而這並不是耶穌所傳的福音，更不是上帝救贖計劃所要為人帶來的結果。

從《聖經》的敘事來看，神是創造與救贖的神，因着愛，祂創造了美好的世界，讓人在其中與祂同享榮耀；然而罪的進入，令世界的一切被扭曲，偏離了神原來的心意。於是祂展開了救贖的計劃，先藉着亞伯拉罕，揀選了一家一族，見證祂的同在和心意。並且預備救恩，最終藉祂的獨生兒子耶穌基督在十字架上的死和復活，承擔了人類的罪，並為墮落的世界帶來更新，讓世界得以與神和好；並賜下聖靈予信徒羣體（教會），讓信徒羣體能分別為聖，領受福音的使命，讓人能認識耶穌基督的救恩，藉着教會看得見天國的預表。因此整個福音的重點，乃在於信徒羣體在整個救恩歷史當中，扮演向世界見證上帝心意的角色。要在這個被罪所扭曲的世界當中，重尋上帝的心意，過一個跟世界截然不同的生活，好讓人認識到世界的不是和上帝的是；明白到世界沒有盼望，惟有耶穌基督是世界的盼望。個人的蒙恩得救，不單意味着人願意承認耶穌是生命的主，同時亦代表着生命從此不再以世界的價值觀作人生的判斷基礎，而是以上帝的心意作為標準。這正是保羅在〈羅馬書〉十二章二節所說的：「不要效法這個世界，只要心意更新而變化，叫你們察驗何為神的善良、純全、可喜悅的旨意。」

因此神學家侯活士（Stanley Hauerwas）說，教會的首要任務就是成為教會，好讓世界知道自己的所是，正是這個意思。教會是一個僕人的羣體，我們領受了從神而來的呼召，成為一羣將生命主權交給上帝，並承諾效法祂捨己犧牲生命的人。在一個被罪所轄制的世界當中，我們以耶穌基督的生命作為榜樣，活出另類生命的羣體見證，讓人看見盼望之所在。福音的見證正是要透過教會忠心地活出有別於世界的價值，以耶穌基督的愛，堅持和平、犧牲、捨己、公義、憐憫、為他者等等，讓人看見上帝的美善創造，了解世界理應的模樣。教會不是天國，而是努力見證那國度，讓上帝的故事被活出來；國度能夠被人看見，並且指向終末的來臨。

在福音書的記載裏，主耶穌開始祂的傳道工作，沒多久就呼召門徒跟從祂。祂離世升天時，將傳福音的使命交給門徒羣體。事實上，在主耶穌整個傳道歷程裏，絕大部分的教導都是指向羣體的，尤其記載於〈馬太福音〉第五章的講論，一般稱為「登山寶訓」，亦明顯地是指向羣體的。在整個講論中，耶穌並不是說，你若要跟從我，就要怎樣怎樣，而是說你們是「你們應當……，你們就有福。」因此在我們理解「八福」以及整個「登山寶訓」的時候，就不可能假設它是一套個人的行為指南，或者道德指標，相反應該把它視為對羣體的描述。「登山寶訓」的教導乃是關乎一種國度（天國）的主張，因此亦惟有羣體才能盛載並預嘗此一國度的真理。而由於天國的價值完全顛覆世界的價值，從來都不會有人覺得主耶穌在「八福」中所描述的人，是值得人羨慕，或者是一般人要追求的人生目標，可是主耶穌卻說這是天國子民的特質。這樣顛覆主流價值的看法，是個人無法踐行的；惟有羣體的凝聚和彼此學習，一起按着《聖經》的教導，審視我們是否忠於天國的價值，好讓世界從我們身上和我們所作的，看見上帝對世界的心意。

潘霍華（Dietrich Bonhoeffer）提醒我們，「登山寶訓」是「那一位」的話語，是主耶穌生命的詮釋，而不是一些客觀抽離的道德標準，因此它亦應該是教會羣體的描述。當中所要闡述的，並不是我們「要」怎樣做，而是以耶穌生命特質作觀照，顯現天國的內涵。教會作為領受聖靈並承擔福音使命的羣體，正是被命定要靠着神，活出「登山寶訓」所揭示耶穌生命的一班人。

教會是盛載與傳承福音的信徒羣體，透過認信，活出耶穌基督的救恩，讓人能夠認識並接受福音。另外，因着《聖經》的教導與聖靈的同在，在生命中展現救恩的真實，因此當我們談及傳福音的時候，所指向的福音並不應該只是一套三言兩語說服別人認信的概念，而應該是關於一個羣體過着的另類生活、生命。教會是作為盛載這福音敍事的真實羣體，這羣人怎樣一起認識和經歷上帝的帶領和同在，組成了福音的真實。因此福音不能離開羣體，也不可以以個人信仰的形式出現。而這羣體並不是只在乎於一個個的個體能否認信耶穌是基督，更要緊是在世界當中活出一套不一樣的價值，讓世界看見盼望的所在。

因此教會羣體所傳的福音，是天國的福音，當我們效法主耶穌祈禱「願你的國降臨」，就意味着教會羣體要進到世界當中——正視世界當中各種的不公義與無憐憫，對人的尊嚴的剝奪和對受造大地資源的濫用，對價值的扭曲和各種加諸他者與自身的暴力等等；教會有責任要指正，宣告上主的心意，要以忍耐和盼望，活出另類的羣體見證，並且以行動見證上主對世界的愛。教會並不以為一己之力可以改變世界的現狀，但卻要藉着言說和行動，指出天國的實在，讓人知道世界的不是，與及上帝對世界的心意。皆因我們所相信的耶穌基督，已經在十字架上成就了救恩，這亦是世界惟一的盼望所在。我們不必在意果效的多寡大小，而只需檢視我們是否忠心活出教會的所是。

是的，願你的國降臨！願我們教會所見證的福音，是一個天國價值的福音，讓人明白上主對世界心意的福音。阿們！

陳競存
少年時代流連街頭，學人跟大佬做「嚫」，過着邊緣生活，後來由於怕死和覺得無聊，迷途知返，先後於台灣和澳洲進修。回港後於突破機構落腳，搞研究及發展工作。曾進出於中國神學研究院，近日又出入於香港浸信會神學院，確保自己能繼續當「神學生」。深信個人與文化均需要被救贖，故努力推動啟導文化更新，激發青年人反省及探索生命的工作。

May Your **Kingdom Come**

「天國國民教育」書系

May Your **Kingdom Come**

「天國國民教育」書系